Recherches à la grotte Walou à Trooz (Belgique)

Second rapport de fouille

Studies in Walou Cave in Trooz (Belgium)

Second excavation report

I. Crevecoeur, A. Francis, L. Klaric,
C. Koziel, O. Le Gall, R. Peuchot,
E. Teheux, M. Udrescu and
D. Vandercappel

Edited by

M. Dewez

BAR International Series 1789
2008

Published in 2016 by
BAR Publishing, Oxford

BAR International Series 1789

Recherches à la grotte Walou à Trooz (Belgique) / Studies in Walou Cave in Trooz (Belgium)

ISBN 978 1 4073 0277 5

BAR Publishing is the trading name of British Archaeological Reports (Oxford) Ltd.
British Archaeological Reports was first incorporated in 1974 to publish the BAR
Series, International and British. In 1992 Hadrian Books Ltd became part of the BAR
group. This volume was originally published by Archaeopress in conjunction with
British Archaeological Reports (Oxford) Ltd / Hadrian Books Ltd, the Series principal
publisher, in 2008. This present volume is published by BAR Publishing, 2016.

Printed in England

BAR
PUBLISHING

BAR titles are available from:

BAR Publishing
122 Banbury Rd, Oxford, OX2 7BP, UK
EMAIL   info@barpublishing.com
PHONE   +44 (0)1865 310431
FAX   +44 (0)1865 316916
www.barpublishing.com

CONTENTS

PREFACE

Michel Dewez

Ce rapport est le deuxième, mais pas le dernier, des fouilles menées à la grotte Walou de 1985 à 1990. Le premier rapport a été publié en 1993 (Mémoire n°7 de la SOWAP, Société wallonne de palethnologie).

Il reste encore à publier :

- le Néolithique de l'ensemble A3, qui était une fosse à détritus comprenant, outre quelques tessons de céramique, un nucléus et les éclats qui s'y rapportent,

- la couche C7, avec de petits éclats à retouches abruptes, un bâtonnet d'ivoire et une dent d'ours perforée,

- l'étude du débitage des bois de cervidés de la couche C6,

- les études de faune, dont celle de la couche B5 qui a été entreprise par Jean-Marie Cordy,

- une structure d'habitat du C6 : Aurignacien, monticule de plus d'un mètre de longueur émergeant dans le B5 le long de la paroi Est, et aboutissant à un crâne de bouquetin (*Capra Ibex*).

Le Paléolithique Moyen, couche C8, a été publié par ailleurs par Christelle Drailly, qui en avait entrepris l'étude lorsque j'étais son promoteur de mémoire à l'Université catholique de Louvain.

Ce travail a pu être effectué grâce à une convention accordée en 2002 par le Ministère de la Région wallonne, dont les subsides ont été accordés par intermittence entre 2003 et 2007. Je remercie vivement tous les collaborateurs qui ont participé à ce volume et ont bien voulu croire en la poursuite de l'étude de la grotte Walou.

RESEARCH IN PREHISTORIC CAVE OF WALOU (LIÈGE, BELGIUM)

Introduction

Durgi VANDERCAPPEL (*), Michel DEWEZ (**)

(*) Université Paul Valéry, Montpellier III
UFR III, Unité de Géographie
F-34119 Montpellier
France

(**) Université Catholique de Louvain
Département d'Archéologie, Collège Erasme
B-1380 Louvain-la-Neuve
Belgique

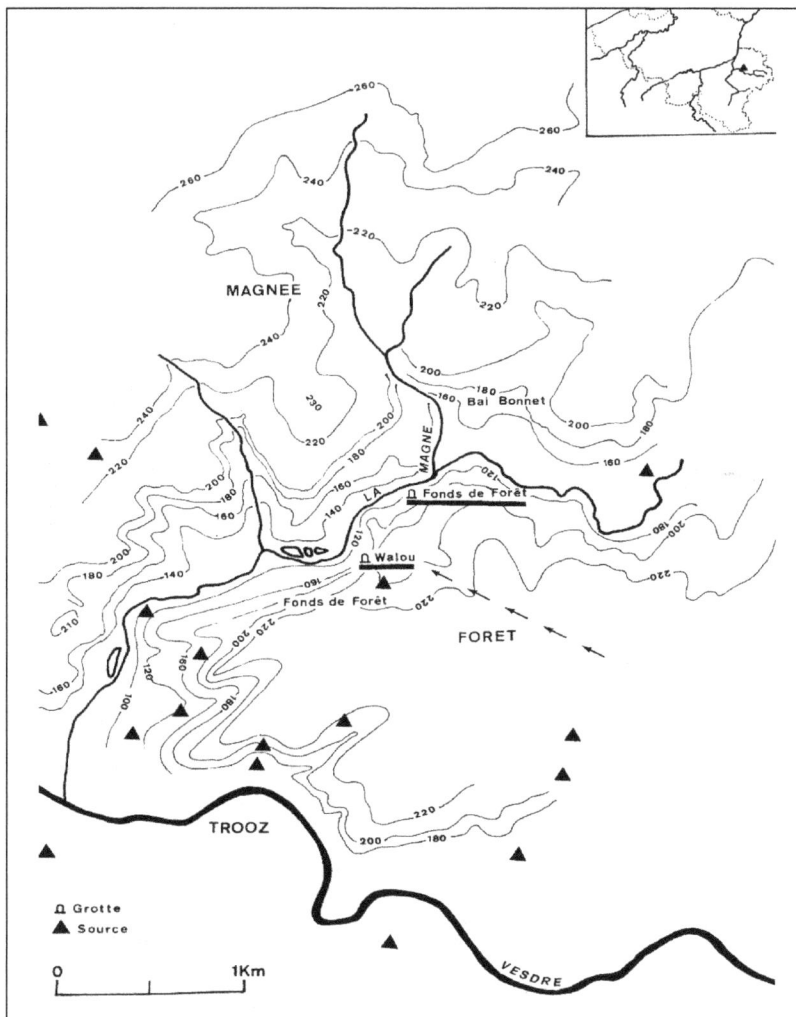

(Dewez 1993 a)

THE SITE

Walou cave, excavated by the SOWAP (Société Wallonne de Palethnologie), under the direction of Professor Michel DEWEZ (1985 – 1990), is situated in the municipality of Trooz, about 15 km south of Liege, in Belgium. The cave is hollowed out the Visean limestone, about 40 m above left bank of the Magne, Affluent River of the Vesdre (Basin of Meuse). The cave of Fonds-de-Forêt, excavated in 1830 by P. Schmerling, is its neighbour. The Walou cave (contraction of "Walter" LUX and "Louis" BAUMANS, two speleologists, around 1984) was "discovered" many times by speleologists, cavers and amateurs of Prehistory, in particular by R. FAUFRA on 1972 (we have a blurred photography of him, ramping in the entrance of this cave). The collected materials are bones and flint stones (Dewez 1993 a ; Drailly 1998 b).

The cave is composed of an entrance (45 m²), oriented west-south-west, its vault partly collapsed during Neolithic period (about 5000 B.C.), joining a gallery (28 m²) to east and a terrace (40 m²). The river is nearby the cave. The flintstones of rather quality provided by chipped pebbles are situated about 20 minutes walking to the East. Good quality flintstones, in the Cretaceous beds, can be found to the north-east, 2 hours of walking from the cave.

From the entrance of the cave, you can easily supervise most of the Magne's valley as well as a significant part of the opposite plateau (Dewez 1993a).

THE LANDSCAPE

Walou cave is situated in a closed valley and shows a forest of broad-leaved tree, belong to Atlantic domain. The main vegetation is composed by the *Tilia* (linden), *Acer campestre* (maple), *Fraxinus excelsior* (ash), *Hedera helix* (ivy), *Corylus avellana* (hazel tree), *Ulmus campestris* (elm), *Quercus* (oak), *Betula verrucosa* (birch), *Sorbus aucuparia* (rowan tree), *Malacea*, etc. The average temperature varies between 9 and 12°C and the average rainfalling reaches 800-1000 mm/year.

The landscape evolution, based on pollens from the stratum C8 to A4, was analysed by Jean HEIM (Heim 1993).

THE STRATIGRAPHY

The stratigraphy, established by Simon N. COLCUTT (Oxford Archaeological Associates Ltd), is based on the lithostratigraphy and on the carbon dating made by E. GILOT (Collcutt 1993). The lithostratigraphy of S.N. COLCUTT based of analyse of sediments, is confirmed by the dense minerals, as sand fraction (volcanic, phosphate, detrital minerals), and by the silty fraction (Lacroix 1993). The sedimentology of loess was studied by the geologists (Chen, Ek & Lacroix 1988) and confirmed also this lithostratigraphy.

Different occupations are delimited: Neolithic (stratum A1 – A5), Mesolithic (stratum A6), Upper Palaeolithic (stratum B1 – C7) and Middle Palaeolithic (stratum C8 – C10). The main interest of Walou cave is due to its long session (setting) of 21 stratums, ten of which were occupied by the human peoples (Dewez 1993 a).

THE CHRONOLOGY

The chronology is based on the radiocarbon analysis of Walou cave materials, made by E. GILOT of Catholic University of Louvain (Gilot 1993).

Period (B.C.)	Climate chronology	Stratum	L.V.	Dating (B.P. L.V.)	Appellation
Neolithic		A1			
6.000 – 1.000	Subboreal	A2			
		A3			Neolithic
Mesolithic	Atlantic	A4			Mesolithic
8.000 – 6.000	Boreal	A5			
HOLOCENE	Preboreal	A6	1583 D	9.450 ± 270	
Upper Palaeolithic	Dryas III	B1	1556	9.990 ± 180	Creswello- Tjongerian
32.000 – 8.000	Allrød	B2 sup.			
PLEISTOCENE	Dryas II	B2 inf.			
		B3			
	Bølling	B4 sup.			
	Dryas I	B4 inf.	1582	13.030 ± 140	
		B4A	1593	13.120 ± 190	Magdalenian
		B5	1581D	21.230 ± 650	Gravettian
		B5A,C,D	1651	22.800 ± 400	
		B5X	1837	24.500 ± 580	
		B5EX	1838	25.860 ± 450	Gravettian
		C1			
		C2			
		C3			
		C4			
		C5			
		C5A	1557	30.460 ± 700	Mixed
	Interstade of Arcy	C6			Aurignacian
		C6C	1587	29.800 ± 760	
		C6D	1592	29.470 ± 640	
		C7			
		C7A	1641	33.830 ± 1790	
		C7B	1642	35.380 ± 1870	Châtelperronian ?
Middle Palaeolithic		C8	1838	42.000	Mousterian
		C9			
+ 45.000		C9A			
PLEISTOCENE		C9B			
		C10			

THE MATERIAL

For the Neolithic (A2), we have a few poor pieces of broken pottery. The main materials are the flint (A1 to C10) studied by different researchers (Dewez 1993 a ; Dewez 1993 b ; Drailly 1998 a ; Kozlowski et Sachse–Kozlowska 1993). The macrofauna and microfauna are well represented in all stratums published by scientific research workers (Cordy 1993 ; Groessens-Van Dyck 1989; Groessens-Van Dyck 1993 ; Simonet 1993 a & b ; Turmès, 1996). The bone industry, as assegai and awl found in Auragnician levels (Dewez 1993 b).

Under the direction of C. DRAILLY was found one human tooth on 1999. It is a left premolar attributed to a Neanderthal human because it was found in Mousterian intact level (Drailly, Yernaux, Cordy & Toussaint 1999).

CONCLUSION

The excavations of this cave have revealed rich material dating from the Middle Palaeolithic up to the Neolithic. A first part was already published by specialists (see above), a second part will be presented here : Crevecoeur I. (Avifauna) ; Dewez M., Francis A. & Teheux E. (Creswello-Tjongerian flint) ; Klaric L. (Gravettian flint) ; Koziel C. & Vandercappel D. (micromammals) ; Le Gall O. (Ichtyology); Peuchot R. & Francis A. (Malacology) ; Udrescu M. & Francis A. (Animal palaeopathology) and Vandercappel D. & Dewez M. (Gravettian assegai point from cave of Fonds-de-Forêt).

In the future, we intent to publish the Neolithic period (flints, fragments of pottery) ; the repartition plan of flints and bones industry of C6 (Aurignacian) and the C7 stratum (fauna, bear canine perforated in the root and habitat structure of the cave bears).

Bibliography

CHEN Z., EK C. & LACROIX D., 1988 : Sédimentologie de quelques loess de la grotte Walou, à Trooz. *Bull. Chercheurs de Wallonie*, 28, p. 69-79.

COLCUTT S.N., 1993: Physical sedimentology of the deposits of the grotte Walou, *in Recherches à la grotte Walou à Trooz (province de Liège, Belgique). Premier rapport de fouilles*, Mémoire de la société wallonne de Palethnologie, 7, Liège, p. 11-22.

CORDY J.-M., 1993: L'Interstade d'Arcy d'après les micromammifères de la couche aurignacienne de la grotte Walou à Trooz, *in Recherches à la grotte Walou à Trooz (province de Liège, Belgique). Premier rapport de fouilles*, Mémoire de la société wallonne de Palethnologie, 7, Liège, p. 37-43.

DEWEZ M., 1993 (a): L'Aurignacien de la couche C6 de la grotte Walou à Trooz, *in Recherches à la grotte Walou à Trooz (province de Liège, Belgique). Premier rapport de fouilles*, Mémoire de la société wallonne de Palethnologie, 7, Liège, p. 5-9.

DEWEZ M., 1993 (b) : Industrie osseuse de la couche aurignacienne de la grotte Walou à Trooz, *in Recherches à la grotte Walou à Trooz (province de Liège, Belgique). Premier rapport de fouilles*, Mémoire de la société wallonne de Palethnologie, 7, Liège, p. 63-68.

DEWEZ M., 1993 (c) : Matériel lithique autre que le silex de la couche C6 de la grotte Walou à Trooz, *in Recherches à la grotte Walou à Trooz (province de Liège, Belgique). Premier rapport de fouilles*, Mémoire de la société wallonne de Palethnologie, 7, Liège, p. 79-80.

DRAILLY C., 1998 (a): Le Moustérien de la couche C8 de la grotte Walou à Trooz (province de Liège, Belgique), Etudes et Documents, Archéologie, 5, p. 63-74.

DRAILLY C., 1998 (b) : Campagne de fouilles de 1996 à 1998 à la grotte Walou à Trooz, *Notae Praehistoricae*, 19, p. 25-32.

DRAILLY C., YERNAUX G., CORDY J.-M. & TOUSSAINT M., 1999 : Découverte d'une dent humaine dans une couche moustérienne à la grotte Walou à Trooz (fouille 1997), *Notae Praehistoricae*, 19, p. 29-38.

GILOT E., 1993 : Liste des datations 14C effectuées sur du matériel de la grotte Walou à Trooz, *in Recherches à la grotte Walou à Trooz (province de Liège, Belgique). Premier rapport de fouilles*, Mémoire de la société wallonne de Palethnologie, 7, Liège, p. 23.

GROESSENS-VAN DYCK M.-Cl., 1989: The Quaternary Avifauna of the Walou cave (Trooz, prov. Liege). *Bull. Société belge de Géologie*, 98 -2, p.197-199.

GROESSENS-VAN DYCK M.-Cl., 1993 : L'avifaune et l'herpétofaune de la couche C6 de la grotte Walou à Trooz, *in Recherches à la grotte Walou à Trooz (province de Liège, Belgique). Premier rapport de fouilles*, Mémoire de la société wallonne de Palethnologie, 7, Liège, p. 45-49.

HEIM J., 1993 : Résultats palynologiques préliminaires de la grotte Walou à Trooz, *in Recherches à la grotte Walou à Trooz (province de Liège, Belgique). Premier rapport de fouilles*, Mémoire de la société wallonne de Palethnologie, 7, Liège, p. 33-35.

KOZLOWSKI St. et SACHSE - KOZLOWSKA E., 1993 : Industrie lithique en silex de la couche C6 de la grotte Walou à Trooz, *in Recherches à la grotte Walou à Trooz (province de Liège, Belgique). Premier rapport de fouilles*, Mémoire de la société wallonne de Palethnologie, 7, Liège, p. 69-78.

LACROIX D., 1993 : Les minéraux denses transparents des dépôts de la grotte Walou à Trooz, *in Recherches à la grotte Walou à Trooz (province de Liège, Belgique). Premier rapport de fouilles*, Mémoire de la société wallonne de Palethnologie, 7, Liège, p. 25-31.

SIMONET P., 1993 (a) : La grande faune de la couche aurignacienne de la grotte Walou à Trooz. Etude préliminaire, *in Recherches à la grotte Walou à Trooz (province de Liège, Belgique). Premier rapport de fouilles*, Mémoire de la société wallonne de Palethnologie, 7, Liège, p. 51-60.

SIMONET P., 1993 (b) : Aperçu général de la macrofaune de la grotte Walou à Trooz, *in Recherches à la grotte Walou à Trooz (province de Liège, Belgique). Premier rapport de fouilles*, Mémoire de la société wallonne de Palethnologie, 7, Liège, p. 61-62.

TURME M., 1996: Etude des associations de microvertébrés des couches holocènes de la grotte Walou. *Bull. Chercheurs de Wallonie*, 36, p. 119-140.

L'INDUSTRIE LITHIQUE GRAVETTIENNE
DE LA GROTTE WALOU
(couches B5 et B5x)

Laurent KLARIC,

Université de Paris X-Nanterre,
CNRS, UMR-7055 « Préhistoire et Technologie »
Maison de l'Archéologie et de l'Ethnologie
21, allée de l'Université
F-92023 Nanterre Cedex.

Résumé : *En Belgique, les sites du Gravettien se répartissent selon un axe Est-Ouest, du bassin de la Meuse à celui de la Haine. Dans cet ensemble géographique, la grotte Walou (Trooz, Province de Liège), située non loin de la grotte de Fonds-de-Forêt, constitue un nouveau jalon pour la connaissance de cette période. En effet, la stratigraphie du gisement, qui s'échelonne du Paléolithique moyen jusqu'au Néolithique, a livré une petite série appartenant au Gravettien. Des opérations de fouilles récentes dans les années 1980, ainsi que la possibilité de pratiquer plusieurs datations radiocarbones ont permis de mieux caler chronologiquement la série gravettienne. Malgré un nombre de vestiges assez restreint et différents problèmes d'ordre taphonomique, il est possible de mener une étude du matériel lithique. Il s'agit avant tout de mettre en évidence les principales caractéristiques typologiques et technologiques de cet ensemble en soulignant tout particulièrement l'identification d'une modalité de détachement des lames jusqu'ici inédite pour le Gravettien : l'usage de percuteurs en pierre tendre.*

Abstract : *Gravettian's Belgium sites split up along an East-West axis from Meusian basin to Haine's one. In such territory, Walou Cave's (Trooz, Liege's Province), near from Fonds-de-Forêt Cave's, is a new site for this period's understanding. The stratigraphy that spread from Middle Palaeolithic to Neolithic, has given up a small layer of Gravettian. Moderns excavations during the eighties and several radiocarbon dating allow a better understanding of this gravettian series. In spite of several archaeological problems and a small number of artefacts, an approach of the lithic material is possible. The aim is to point out the main typological and technological caracteristics of this industry especially the identification of an original percussion technic for blades removing for the Gravettian: the soft hammer-stone.*

PRÉAMBULE

En l'an 2000, j'ai entrepris un réexamen des séries lithiques gravettiennes de la Grotte Walou à la demande de Béatrice Schmider et Michel Dewez. À cette occasion, j'ai pu apporter quelques informations d'ordre technologique pouvant constituer de nouvelles pistes d'investigation pour cette période. Les premiers résultats de ces travaux ont été présentés à l'occasion du XIVème Congrès de l'UISPP qui s'est tenu à Liège en 2001 (Klaric, 2001). La publication de la session à laquelle j'ai participé m'a ensuite donné l'opportunité de présenter plus de détails quant à l'analyse du matériel gravettien de la Grotte Walou (Klaric, 2004). Je pensais alors en avoir terminé avec la Grotte Walou lorsque Anne Francis me contacta pour m'annoncer le projet de monographie lancé par Michel Dewez. Je décidais alors de m'associer à l'entreprise de manière à publier l'intégralité de la documentation inédite dont je disposais sur les séries lithiques gravettiennes. Le texte du présent chapitre reprend donc en grande partie ce qui a déjà été diffusé dans les actes du colloque UISPP. Les séries étant numériquement faibles, il était difficile d'approfondir davantage l'analyse. J'ai donc choisi de revisiter le texte initial en l'augmentant de planches inédites et en l'enrichissant d'observations et de comparaisons plus précises. Ne connaissant pas le contexte régional des ressources lithiques, je n'apporte ici aucune précision quant aux matériaux qui ont été employés durant le Gravettien. Si ce n'est cette lacune, j'ai surtout essayé de fournir un maximum de précisions sur les caractéristiques techniques des industries gravettiennes de la Grotte Walou.

INTRODUCTION

Le Gravettien est une entité culturelle bien représentée en Belgique. L'aire de répartition des gisements de cette période s'étend selon un axe Est-Ouest, du bassin de la Meuse à celui de la Haine. Les différentes occupations recensées ont fait l'objet de nombreux travaux qui contribuèrent non seulement à élaborer le cadre chronologique du Gravettien belge mais aussi à définir typologiquement les différents groupes qui le composent (Dewez, 1986, 1987, 1989 ; Haesaerts, 1978 ; Otte, 1976, 1977, 1979, 1983, etc.). Bien que certaines séries n'aient pas pu être étudiées de manière approfondie du fait de l'ancienneté des fouilles, de récentes opérations archéologiques sur des gisements importants comme Maisières-Canal et Huccorgne ont déjà porté leurs fruits en apportant notamment des précisions chronologiques, typo-technologiques et palethnologiques sur cette phase du Paléolithique supérieur ancien (Martinez & Guilbaud, 1993 ; Noiret *et al.*, 1994 ; Otte & Noiret, 1996 ; Strauss *et al.*, 2000). À l'instar de ces gisements, la Grotte Walou (province de Liège) constitue un nouveau jalon pour la connaissance du Gravettien belge (Dewez (dir.), 1993).

LES DEUX SECTEURS GRAVETTIENS DE LA GROTTE WALOU : B5 ET B5X

La Grotte Walou a livré une stratigraphie fiable dont la séquence s'échelonne du Paléolithique moyen (Drailly, 1998) jusqu'au Néolithique. Le niveau gravettien, bien que correctement intercalé entre un niveau aurignacien et un autre magdalénien, présente toutefois un problème de hiatus spatial entre deux ensembles distingués en stratigraphie. L'un est situé à l'intérieur de la grotte (B5) et l'autre à l'extérieur (B5X ou B5EX). Ajoutons que des perturbations liées à une occupation d'ours, immédiatement postérieure à l'installation gravettienne, interdisent toute possibilité d'approche spatiale de l'habitat à l'intérieur de la grotte. Des plans de fouilles existent bien pour le secteur extérieur, mais nous n'avons eu accès qu'à ceux qui concernent les carrés G et H, 22-23.

	Fragmentation				
	Entier et sub-entier	Proximal	Mésial	Distal	Sous-totaux
Outils sur lame	0	2	4	1	7
Outils lamellaires	0	0	0	0	0
Outils sur éclat	5				5
Outils sur support ind.	1				1
	Total				**13**
	Entier et sub-entier	Proximal	Mésial	Distal	Sous-totaux
Lames brutes	2	2	2	1	7
Eclats laminaires	0	0	0	1	1
Lamelles	1	1	1	1	4
Eclats lamellaires	4	1	0	0	5
Chutes de burin	1	0	1	0	2
	Total				**19**
	Pièces avec bulbe		Pièces sans bulbe		Sous-totaux
Eclats	11		12		23

Esquilles	8	9	17
	Total		**40**
Cassons	3		
Nucléus à lames	2		
Total de la série	**77**		

Tabl. 1 : Inventaire global du matériel lithique de B5.

	Fragmentation				
	Entier et sub-entier	Proximal	Mésial	Distal	Sous-totaux
Outils sur lame	5	1	4	3	13
Outils lamellaires	0	0	5	1	6
Outils sur éclat	1				1
Outils sur support ind.	1				1
	Total				**21**
	Entier et sub-entier	Proximal	Mésial	Distal	Sous-totaux
Lames brutes	26	9	8	15	58
Eclats laminaires	6	3	2	1	12
Lamelles	5	3	6	8	22
Eclats lamellaires	1	0	0	0	1
Chutes de burin	1	0	1	1	3
	Total				**96**
	Pièces avec bulbe		Pièces sans bulbe		Sous-totaux
Eclats	5		5		10
Esquilles	13		13		26
	Total				**36**
Nucléus à éclats	1				
Total de la série	**154**				

Tabl. 2 : Inventaire global du matériel lithique de B5X.

Étant donné la faible quantité de matériel figuré sur ces plans, nous les avons entièrement numérisés pour présenter brièvement la répartition des pièces remontées (cf. *infra* Fig. 6a-b-c). Les données spatiales s'avérant très limitées, nous nous contenterons donc de livrer une vue synthétique de ce plan sans plus de commentaire. Tout juste pouvons-nous noter que le matériel semble relativement concentré sur environ un mètre carré, même s'il semble délicat de parler d'un véritable amas de débitage.

Corpus lithique

Le mobilier lithique gravettien issu des fouilles de la SOWAP est numériquement limité, tout comme la faune et l'industrie osseuse seulement représentée par quelques fragments de sagaies (Dewez, 1989, p.141). Ainsi, le secteur intérieur (B5) compte seulement 77[1] pièces lithiques dont 13 outils (Tabl. 1) et le secteur extérieur (B5X ou B5EX) 154[2] dont 21 outils (Tabl. 2). Ces corpus limités peuvent s'expliquer par les opérations antérieures conduites sur le gisement, ces dernières ayant vraisemblablement amputé les séries d'une partie de leur effectif initial. En effet, il existe, un lot d'environ 400 pièces qui proviennent des fouilles anciennes (Baumans et Lux) mais celles-ci ont été récoltées sans coordonnées et ne sont donc pas attribuables à un ensemble stratigraphique précis. Confronté à l'impossibilité de raccorder les deux zones (intérieure et extérieure) du fait de l'absence de remontage lithique, nous ne pouvons pas conclure quant à leur contemporanéité éventuelle. L'étude du mobilier a donc été conduite de manière séparée pour chacune des deux séries ce qui limite quelque peu nos interprétations. Néanmoins, pour les descriptions technologiques qui suivent, nous nous sommes efforcé de croiser les informations issues des deux locus.

DE MAIGRES INDICES TYPOLOGIQUES

Bien que les deux séries comptent peu de pièces diagnostiques (Tabl. 3), il faut noter l'existence d'éléments typologiques typiques du Gravettien belge. En B5, il s'agit de deux pièces à dos qui sont peut-être des

N°	Outils	Fouille SOWAP	
		B5	B5X ou B5EX
1	Grattoir sur éclat	-	1
2	Grattoir atypique sur lame	-	1
35	Burin sur troncature retouchée oblique	-	1
36	Burin sur troncature retouchée concave	-	1
-	Burin cassé	-	1
85	Lamelle à dos appointée	-	1
86	Lamelle à dos tronquée	-	4
-	Pièce à dos indéterminée	-	1
48	Pointe de la Gravette (probable)	2	-
-	Ébauche de pièce à dos ?	-	1
65	Lame retouchée 1 bord	4	6
66	Lame retouchée 2 bords	-	1
-	Éclat retouché	3	-
92	Divers indéterminés	4	2
	TOTAL	**13**	**21**

Tabl. 3 : Inventaire de l'outillage des séries lithiques gravettiennes de la Grotte Walou

[1] L'effectif mentionné dans l'article de 2004 était de 72 pièces pour B5. Les 5 pièces qui sont venus s'ajouter depuis sont principalement des esquilles qui n'avaient pas été décomptées initialement.
[2] L'effectif de B5X mentionné dans l'article de 2004 était de 148 pièces, 6 autres sont, depuis, venues s'ajouter à ce chiffre. Il s'agit de pièces pour lesquelles nous n'étions alors pas certain qu'elles se rattachaient bien à l'ensemble B5X.

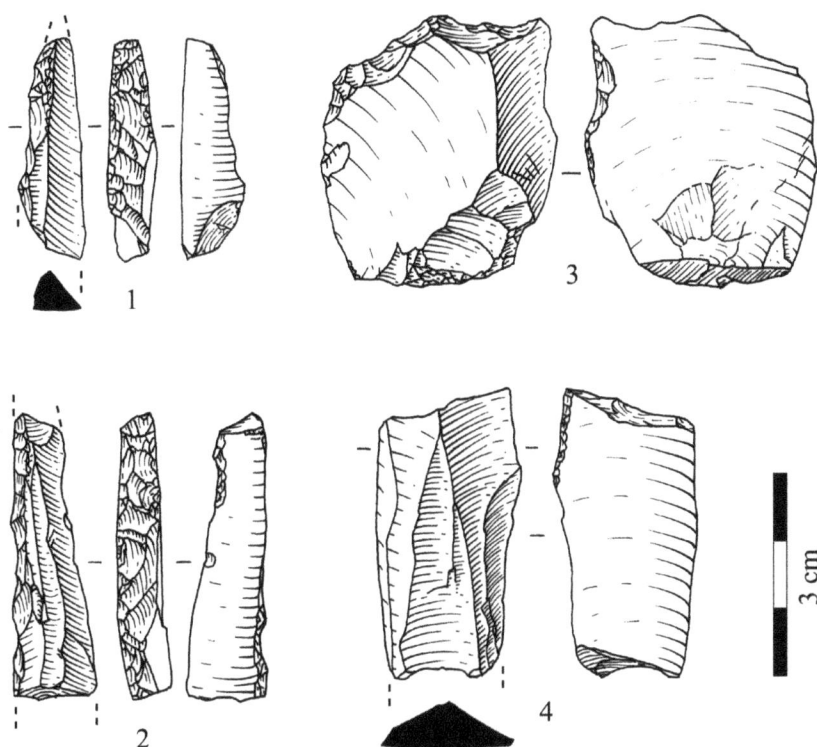

Fig. 1 : Quelques outils de B5 (Dessins L. Klaric).
1-2 : Probables fragments de pointes de la Gravette ; 3 : Eclat retouché ;
4 - Fragment de lame à retouche inverse marginale partielle.

fragments de Gravette (Fig. 1, n°1-2) et en B5X ce sont plutôt des armatures microlithiques à dos tronquées (Fig. 2, n°1-4 à 6) et peut-être une microgravette (Fig. 2, n°2). C'est la présence des microlithes tronqués qui nous a permis de rapprocher ces séries du 3° groupe gravettien décrit par Marcel Otte et représenté notamment par les sites d'Engis (Otte, 1979), Goyet (Angelroth, 1951 ; Eloy et Otte, 1995) et Fonds-de-Forêt (Otte, 1979). Ce groupe est principalement caractérisé par des pièces à dos tronquées et bitronquées, des bipointes et des éléments bitronqués ainsi que de grands burins sur troncature (Otte, 1979, p. 625).

En ce qui concerne le reste de l'outillage de B5X, il faut noter une relative monotonie et l'absence d'outils typiques d'autres phases du Gravettien belge (ex : pointes à pédoncules du Maisièrien). Les pièces les plus nombreuses s'avèrent être des lames partiellement retouchées sur un ou deux bords (Fig. 2, n°8-9 et Fig. 3, n°5-6). Ces artefacts ne portent qu'une retouche limitée, en général directe (un cas inverse), d'ampleur marginale ou peu envahissante. En ce qui concerne les burins, il s'agit de deux burins sur troncature (Fig. 3, n°2-7) à biseau simple et d'un burin dièdre (Fig. 3, n°3), mais aucun n'est particulièrement caractéristique. À noter toutefois que deux des burins semblent avoir été réalisés sur des sous-produits du débitage laminaire (lame à crête et lames de réfection de réfléchissement). Enfin, deux grattoirs atypiques complètent ce bref panorama (Fig. 3, n°1-4). Il faut finalement signaler une pièce particulière, non retouchée (une lame de flanc rebroussée), mais remarquable par le fait qu'elle soit encore partiellement ocrée (Fig. 2, n°10). En B5, les données sont encore plus ténues. À part les deux fragments de pièces à dos, on ne compte guère que quelques lames à retouches partielles (Fig. 1, n°4) (dont certaines sont toutefois douteuses), diverses pièces ne correspondant à aucun type particulier et enfin un éclat nettement retouché pouvant s'apparenter à une « troncature sinueuse » ou à un « éclat appointé » (Fig. 3, n°3).

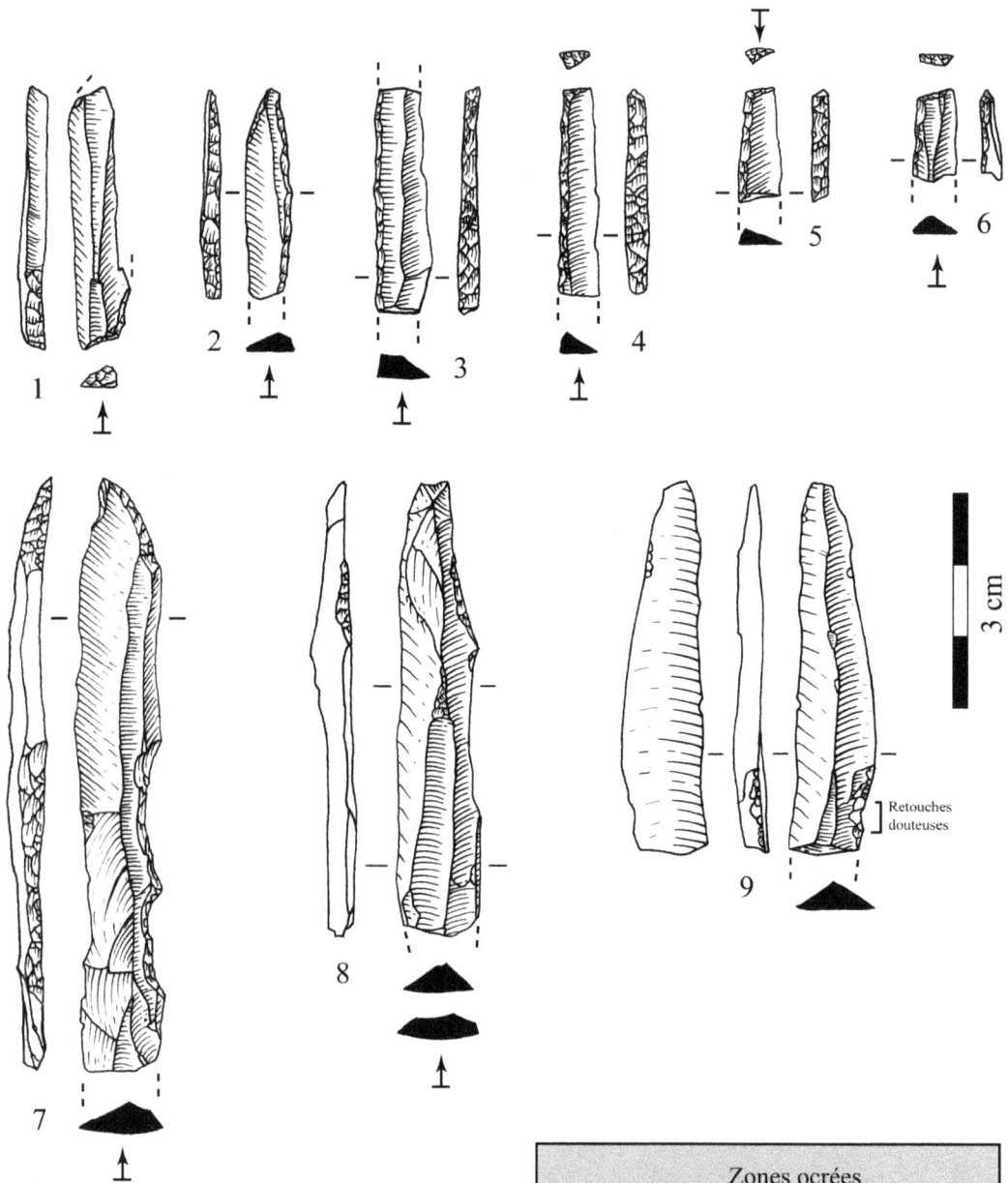

Fig. 2 : Outils B5X (dessins et clichés
L. Klaric).
1 et 4 à 6 - Lamelles à dos tronquées ;
2 - Possible microgravette ;
3 - Microlithe à dos indéterminé ;
7 - Pièce à dos non achevée ;
8 et 9 - Petites lames à retouches directes
partielles sur un bord ;
10 - Lame ocrée.

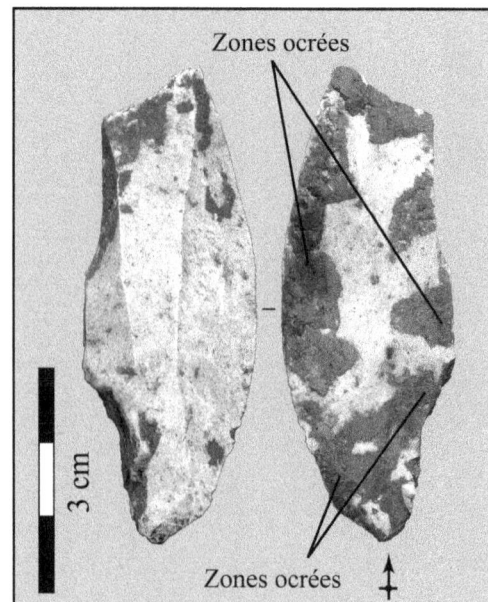

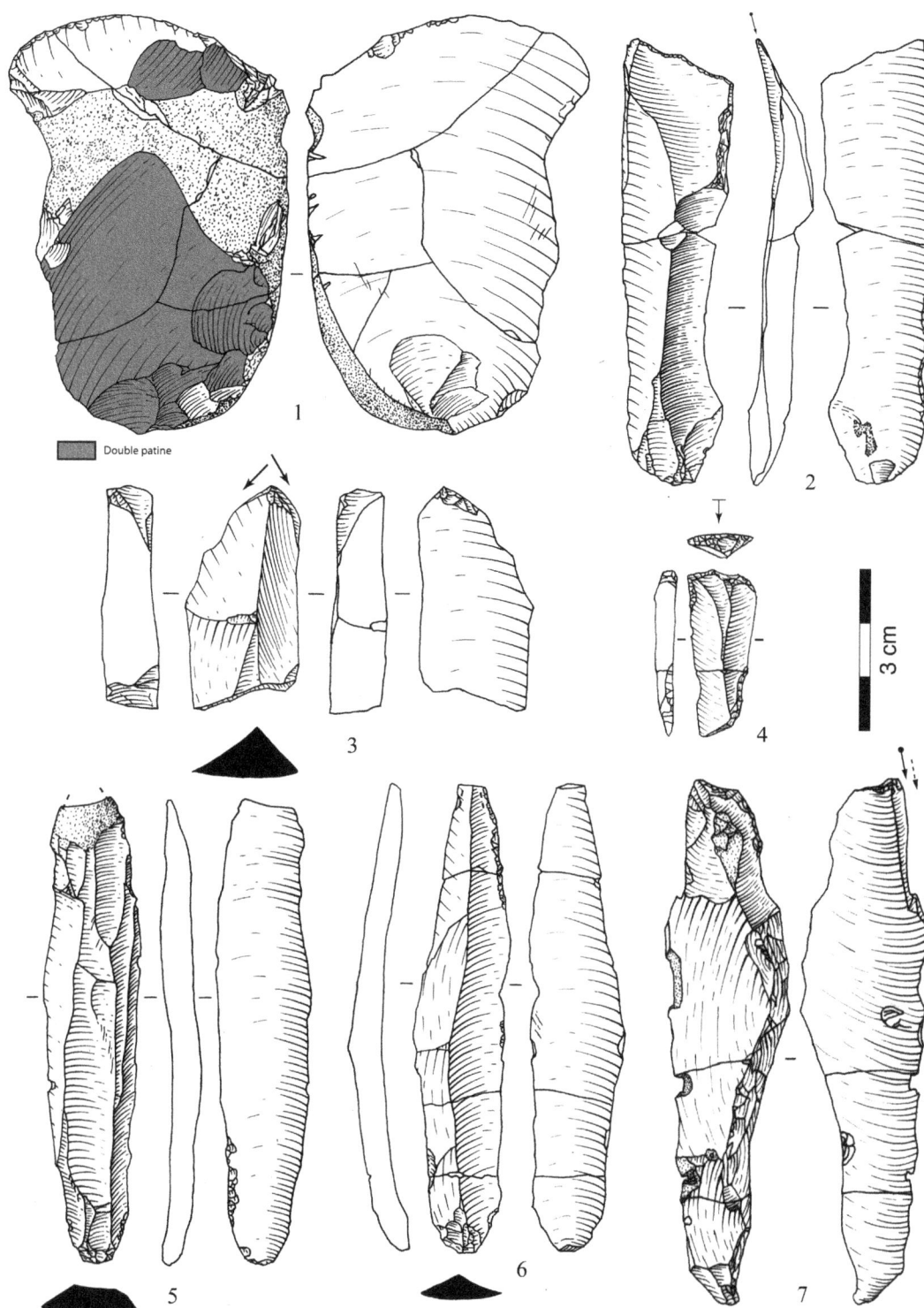

Fig. 3 : Quelques outils de B5X (Dessins L. Klaric).
1-4 : Grattoirs atypiques ; 2-7 : Burins sur troncature ; 3 : Burin dièdre ;
5-6 : Lames à retouches marginales partielles sur un bord (n°5 : inverse et n°6 : directe)

Malgré les quelques réserves évoquées précédemment, plusieurs dates ^{14}C permettent de mieux caler chronologiquement les différentes phases culturelles de la séquence de la Grotte Walou (Dewez, 1993, p. 23). En ce qui concerne les couches gravettiennes, ce sont les dates obtenues pour les échantillons issus de l'intérieur de la grotte qui paraissent les plus fiables : la date la plus ancienne (LV-1651), réalisée sur « bois de cerf travaillé », est de 22 800 ± 400 BP et la plus récente réalisée sur des ossements d'ours de cavernes (qui ont occupé la grotte immédiatement après le passage des hommes) (LV-1581D) est de 21 230 ± 650 BP (Fig. 4). En revanche les deux dates obtenues sur les échantillons provenant de l'extérieur sont plus vieilles : 24 500 ± 580 BP (Lv-1837) et 25 860 ± 450 BP (Lv-1838) mais apparaissent moins fiables du point de vue de la nature des matériaux datés (esquilles osseuses). Aussi dans l'attente de nouvelles datations (pourquoi pas sur les fragments de sagaies retrouvées à la fouille ?), on se contentera de signaler que les dates issues de l'intérieur de la grotte s'accordent plutôt bien avec l'attribution typologique de la série à un Gravettien plutôt récent.

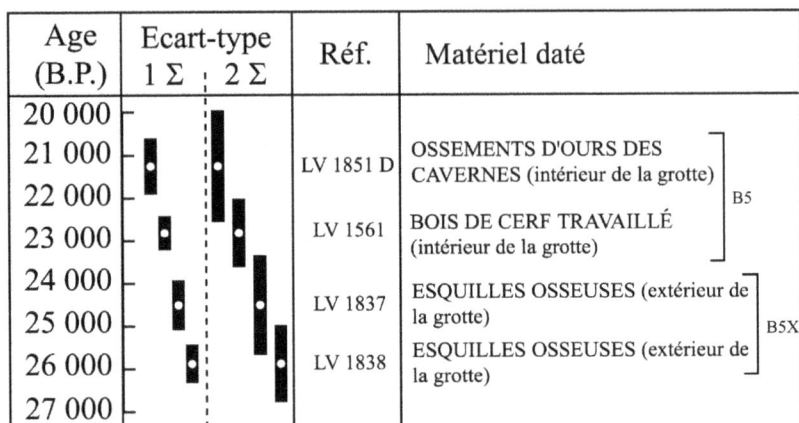

Fig. 4 : Datations radiocarbones B5 et B5X, Grotte Walou.

LES DONNÉES TECHNOLOGIQUES

La Grotte Walou livre donc deux séries, certes limitées d'un point de vue quantitatif, mais qui apparaissent cohérentes du point de vue chrono-stratigraphique et culturel. Les données typologiques restent assez sommaires, mais une observation fine du matériel permet de relever un certain nombre d'informations d'ordre technique qui permettent de mieux caractériser les séries. Il n'est évidemment pas possible de développer une approche approfondie visant une reconstitution globale de la chaîne opératoire ; aussi avons-nous cherché des éléments technologiques qui pourraient constituer de nouveaux indices pour la connaissance et la caractérisation des faciès gravettiens. La plupart des observations qui suivent ont été réalisées sur le matériel provenant du secteur extérieur de la grotte (B5X) qui s'avère le plus riche et de ce fait éclaire mieux différents aspects du débitage. Quelques observations complémentaires réalisées sur les deux nucléus découverts en B5 complètent également les descriptions qui suivent.

La question de l'existence d'une production lamellaire in situ

Malgré la présence de quelques outils microlithiques, les vestiges liés à une éventuelle production lamellaire autonome sont quasiment absents. Seule une vingtaine de lamelles fragmentées ont été retrouvées à la fouille et encore faut-il souligner qu'elles peuvent vraisemblablement provenir de certaines phases du débitage laminaire comme l'indiquent quelques négatifs lisibles sur certains produits laminaires bruts (Fig. 5c, n°2 et Fig. 8a). De plus, il apparaît que les armatures ont très bien pu être réalisées sur des produits laminaires de petit gabarit (Fig. 5b-5c, n°1). Nous pouvons donc supposer qu'il n'y a vraisemblablement pas eu de production lamellaire autonome sur place.

18

Fig. 5a : Nuage de points du rapport largeur/épaisseur des lames brutes et des outils sur lames du secteur extérieur (B5X ou B5EX).

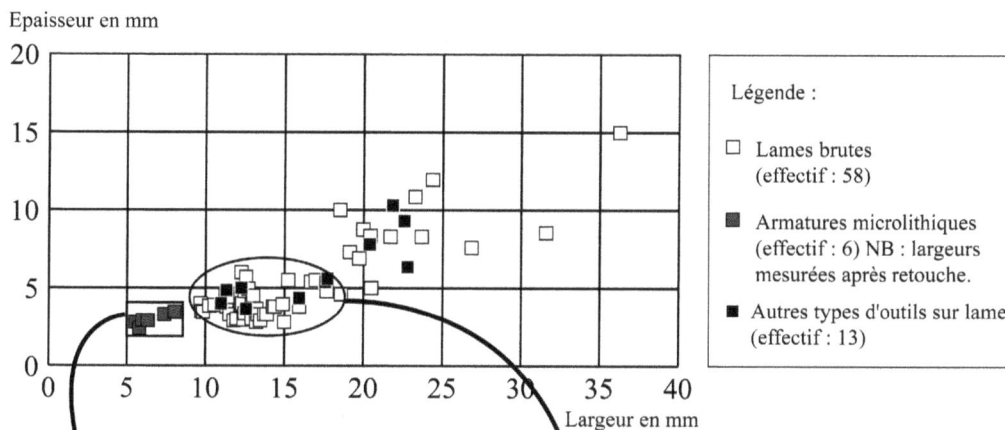

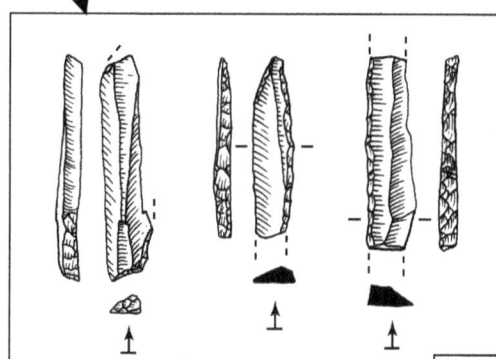

Fig. 5b : Trois exemples du groupe des armatures microlithiques.

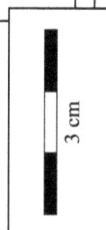

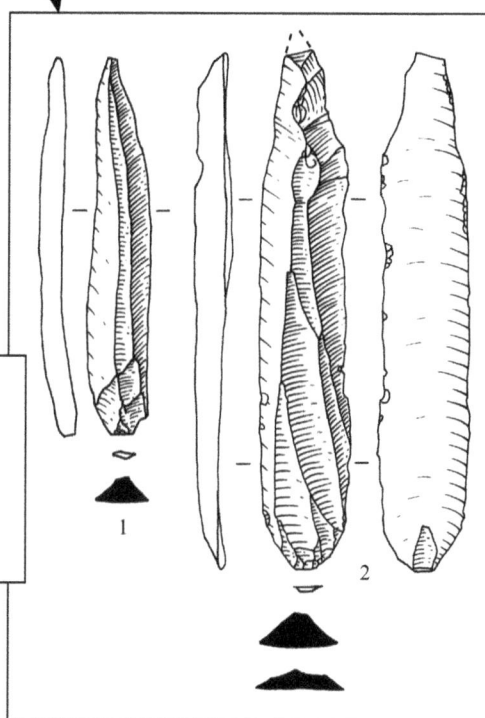

Fig. 5c : Deux exemples de lames brutes reflétant probablement les intentions du débitage laminaire.

Intention de la production laminaire

En ce qui concerne les intentions du débitage, nous en sommes réduits à la formulation de l'hypothèse d'une production en continuité de grandes lames et de petites lames. C'est ce que reflète la distribution dimensionnelle des différents gabarits laminaires présents sur le site. D'après l'examen morpho-dimensionnel des lames brutes (58 pièces) il apparaît que les supports recherchés devaient probablement être des lames très rectilignes, à bords réguliers et de dimensions modestes. Nous pouvons ainsi proposer les fourchettes suivantes : une longueur comprise entre 60 et 90 mm, une largeur oscillant entre 10 et 16 mm pour une épaisseur variant entre 3 et 5 mm (Fig. 5a). Rappelons cependant que l'échantillon dont nous disposons est limité et qu'il peut ne pas refléter complètement la réalité de la production laminaire. Quoiqu'il en soit, il est probable que les armatures microlithiques ont été réalisées sur de petites lames. Sur le graphique, il apparaît clairement que la largeur et l'épaisseur des armatures sont compatibles avec celles des plus petits gabarits laminaires bruts, la différence de largeur s'expliquant aisément par la confection du dos par abattage qui réduit la largeur initiale des supports (Fig. 5a-b). Quant aux autres catégories d'outils, elles semblent avoir été indifféremment réalisées sur des produits de gabarit variable (Fig. 5a).

Principaux traits techniques du schéma laminaire

En l'absence de nucléus dans le secteur extérieur, la morphologie initiale des blocs utilisés pour le débitage reste une inconnue. Un remontage de cinq lames (dont certaines corticales) montre que le bloc sélectionné devait être de taille modeste (de 10 à 15 cm de long au maximum, la largeur n'excédant pas 6-7 cm) et peut-être de forme oblongue (Fig. 6a-c). L'observation de l'ensemble des produits laminaires (71 pièces) conforte l'idée que certains blocs devaient mesurer plus de 15 cm de long (la plus grande lame mesurant 138 mm), mais il est impossible d'en dire plus quant à leur morphologie. Les deux nucléus retrouvés en B5 semblent correspondre approximativement à ces gabarits, encore que l'un d'entre eux (Fig. 7, n°2) puisse peut-être avoir été de plus grande taille.

L'unipolarité du débitage semble être la règle, ce qu'indique aussi bien le remontage que la majorité des produits laminaires (seules 4 pièces portent un négatif laminaire antérieur opposé au sens du débitage). Les tailleurs ont apparemment manifesté une préférence pour des volumes étroits permettant d'aménager une table relativement cintrée autorisant un envahissement progressif du débitage sur des flancs laissés corticaux (Fig. 6a-6c).

L'initialisation du débitage parait avoir été réalisée de deux manières : soit progressivement avec des aménagements de crête partielle et des entames semi-corticales (Fig. 6a) soit avec une préparation du volume plus poussée avec un recours à une véritable crête d'entame à deux versants (Fig. 3, n°7). Les produits laminaires de B5X ainsi que les deux nucléus de B5 laissent penser que les volumes étaient relativement frontaux avec des tables bien cintrées. Ce cintrage a pu être obtenu en utilisant des blocs offrant des flancs naturels (corticaux) sub-parallèles avec une configuration favorable permettant un débordement régulier du débitage avec l'extraction de lames de flanc à pan cortical (Fig. 6a-c). Pour les deux nucléus de B5 le cintrage a été obtenu par des procédés différents. Pour le premier, il s'agit d'extractions laminaires (pratiquées à partir du plan de frappe) qui débordent sur les flancs (l'une d'entre elles s'appuie d'ailleurs sur une néo-crête partielle portée par la partie dorsale du nucléus) (Fig. 7, n°2). Pour l'autre nucléus, la table est délimitée par un flanc gauche portant des vestiges de négatifs de crête antérieure (sans doute une crête d'entame) et par un flanc droit qui montre un aménagement de crête partielle (distale) postéro-latérale (la partie proximale du flanc étant laissé corticale étant donné sa configuration favorable) (Fig. 7, n°1). Il faut également signaler que le (ou les) tailleur(s) a (ont) parfois eu recours à de petits aménagements de néo-crêtes très ponctuels de manière à régulariser une nervure ou une petite zone du flanc.

Les plans de frappe, quant à eux, devaient être plutôt obliques et lisses ce qu'indique l'observation des talons des lames dont 21 sur 38 lisibles (sur lames et lamelles) sont lisses et nettement abrasés (ce qui est également le cas d'au moins un des nucléus de B5, cf. Fig. 7, n°2).

Du point de vue de la préparation au détachement, on peut également signaler à Walou l'existence d'un procédé de cintrage de la partie proximale de la future lame à extraire par le biais de petites extractions lamellaires latérales et plus ou moins obliques par rapport à l'axe longitudinal de la table lamellaire (Fig. 8a). Grâce à ces petites extractions, le tailleur a pu resserrer sa zone d'impact et également reculer son futur point de contact. De tels enlèvements dépassent cependant le simple abattage de corniche (par ailleurs bien présent sur certaines lames de la série, cf. Fig. 6c, n°2) et jouent un rôle important dans le positionnement du talon de la lame et dans la régularité du support recherché puisqu'il permet d'en « canneler » la partie proximale (voir la section en partie proximale de lame, cf. Fig. 8a, n°1). Par ailleurs, si ce procédé de préparation n'est sans doute pas exclusif au Gravettien, il a cependant aussi été mis en évidence au Cirque de la Patrie (Seine-et-Marne, France) une série du Gravettien récent du Nord de la France (Fig. 8b, n°3-4) qui présente quelques analogies avec la Grotte Walou.

Enfin, seuls les nucléus retrouvés en B5 nous éclairent quelque peu sur le seuil dimensionnel limite où a été stoppé le débitage et sur les éventuelles raisons techniques qui ont pu motiver son arrêt. Sur le plan dimensionnel, il semble que le seuil de 6-7 cm de longueur de table soit la limite où les tailleurs n'aient pas

Fig 6b : Plan de répartition du matériel (en B5X) et localisation des pièces du remontage.

(nb : ce sont les seuls plans qui nous sont parvenus)

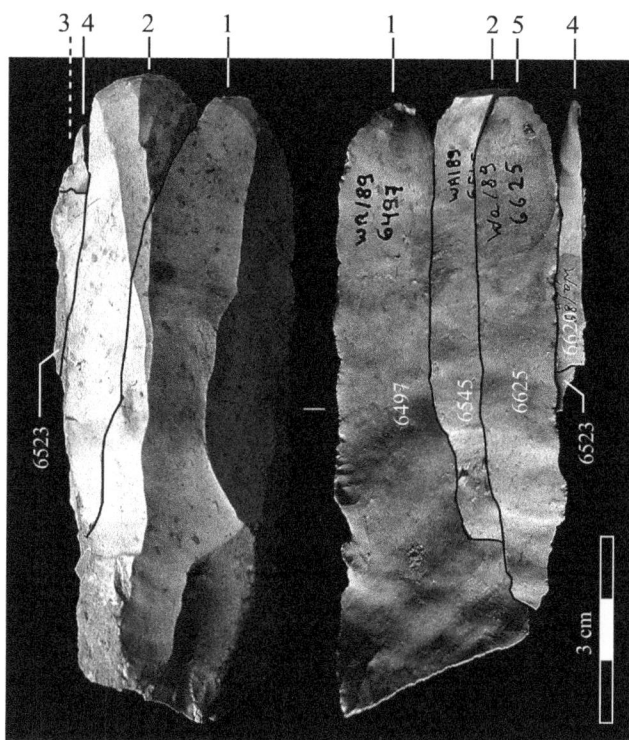

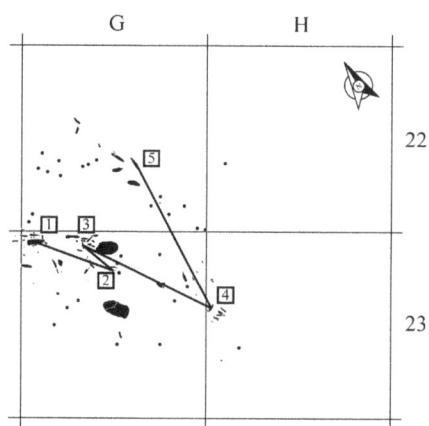

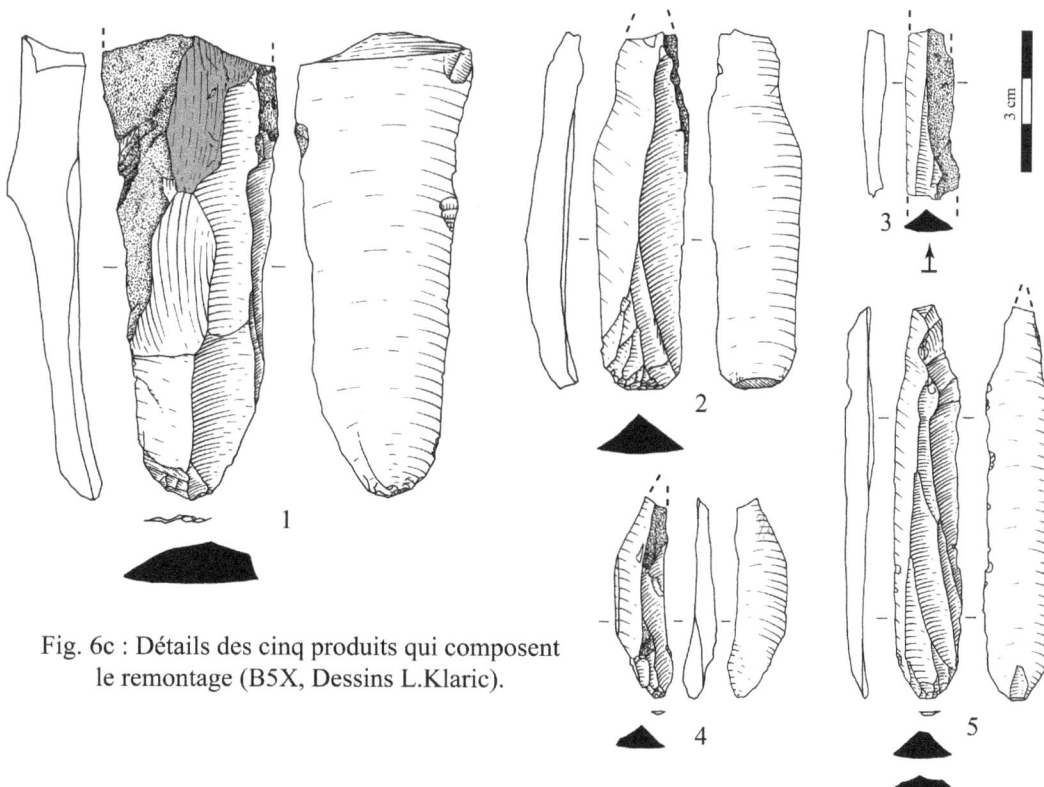

Fig. 6a : Remontage de quelques lames (B5X)
(nb : n° d'inventaire des pièces figuré en blanc) (Clichés L. Klaric).

Fig. 6c : Détails des cinq produits qui composent le remontage (B5X, Dessins L.Klaric).

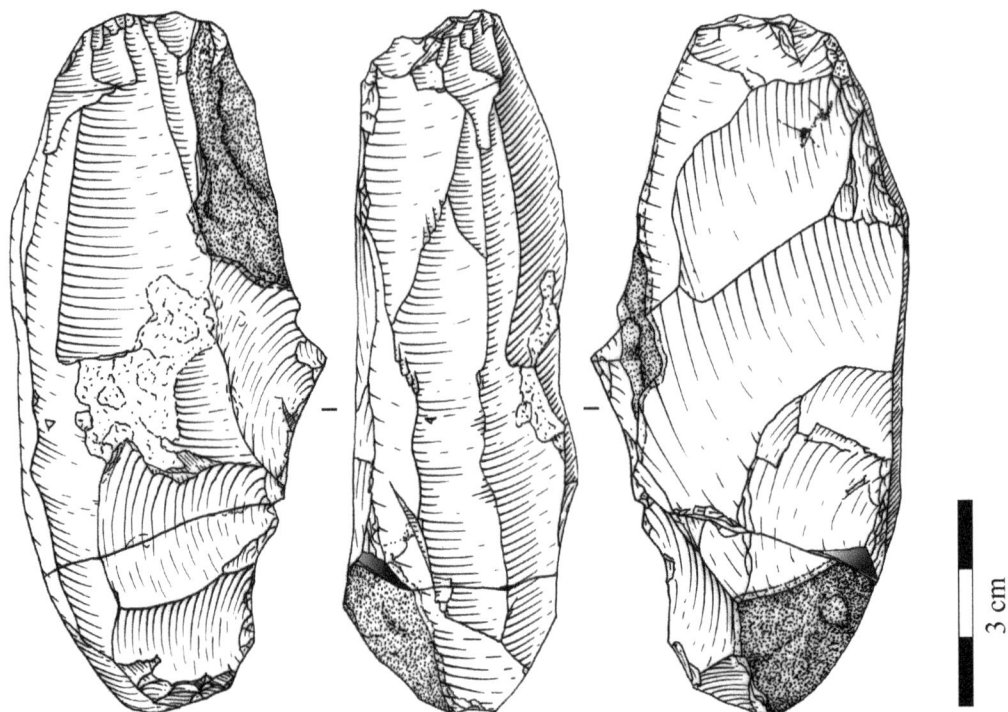

1

Fig. 7 : Nucléus à lames, B5 (Grotte Walou).

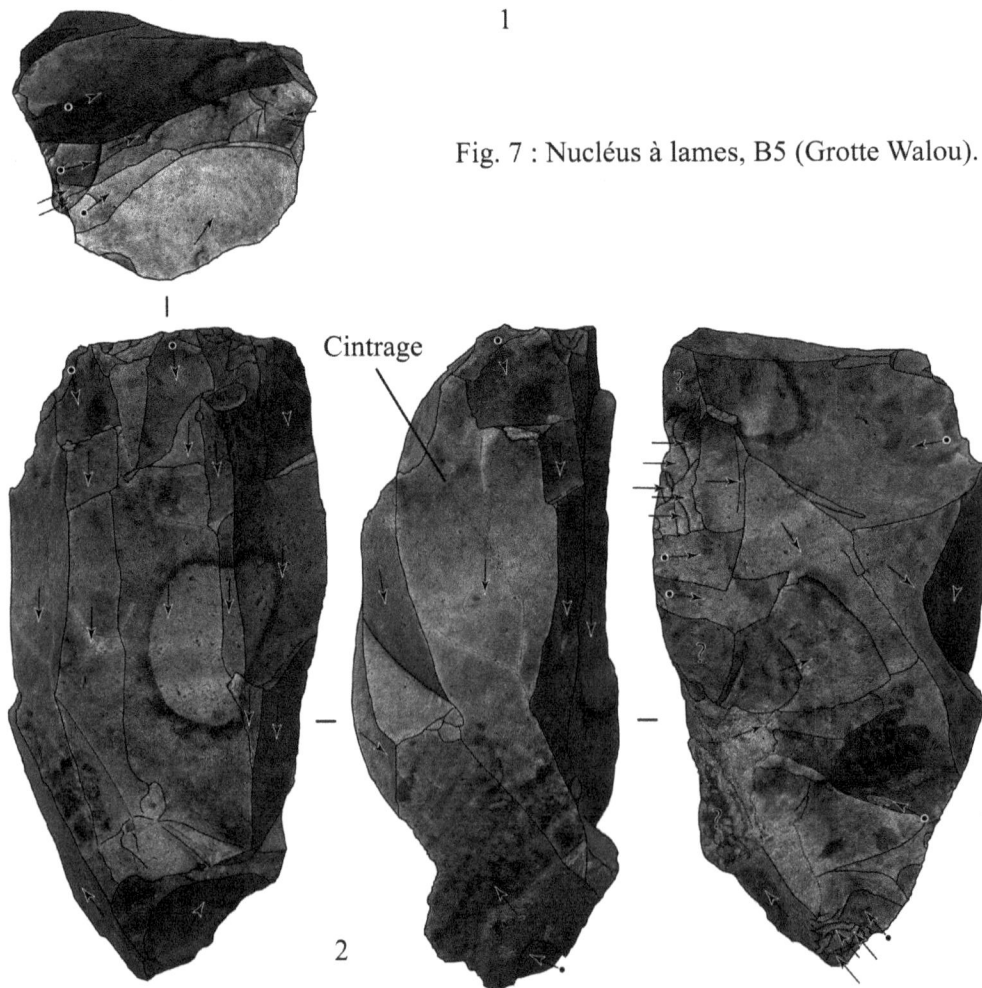

Cintrage

2

cherché à poursuivre la production. Néanmoins ceci reste une hypothèse dans la mesure où le nucléus en question (Fig.7 n°2) montre des problèmes techniques rédhibitoires. D'un point de vue technique, chaque nucléus présente une table laminaire souffrant de problèmes interdisant la poursuite de l'exploitation laminaire : dans le premier cas, il s'agit d'une grosse inclusion crayeuse en partie mésiale de table qui a engendré un réfléchissement sévère (Fig. 7, n°1) et dans le second cas, il s'agit de multiples petits réfléchissements en partie proximale et distale de table laminaire (Fig. 7, n°2).

Un élément novateur : l'usage de la pierre tendre pour le débitage des lames

Une démarche expérimentale développée dans le dernier quart du XX° siècle par B. Madsen (Madsen, 1983) et par J. Pelegrin (Pelegrin 1991, 2000) a montré que la percussion directe minérale tendre (avec galets de grès ou de calcaire) pouvait être employée pour le débitage de lames. Dès lors, la reconnaissance de cette modalité de percussion au sein de séries archéologiques ne tarda pas : cette technique fut mise en évidence dans certaines séries du Tardiglaciaire danois se rattachant à la culture de Bromme (Madsen, 1983, 1992) ainsi que dans d'autres assemblages se rapportant au Tardiglaciaire d'Europe occidentale (Bodu, 2000 ; Fagnart, 1997 ; Pelegrin, 2000 ; Valentin, 1995 ; Valentin & Pigeot, 2000). Ce n'est que plus récemment que cette modalité de percussion pour l'extraction de lames a été identifiée en France, grâce à la participation et aux séries expérimentales de J.Pelegrin, dans d'autres contextes du Paléolithique supérieur ancien : le Solutréen sur le site de La Celle-Saint-Cyr dans l'Yonne (Renard, 2002) et le Gravettien sur les gisements du Cirque de la Patrie et de la Pente-des-Brosses dans le Bassin parisien (Klaric, 2003). Cette reconnaissance d'un usage fréquent de la percussion tendre minérale participe aujourd'hui pleinement à la caractérisation des choix techniques parmi les groupes du Paléolithique supérieur : on sait en effet que l'usage de cette technique, quand il est préféré à celui de la percussion tendre organique, implique des contraintes et des manières de faire spécifiques (Pelegrin, 2000 et Valentin, 2000).

À partir de l'observation de ses séries expérimentales, J. Pelegrin a récemment décrit les différents stigmates de la percussion minérale tendre (Pelegrin, 2000, p. 77). Il distingue deux versions de cette technique de percussion : la première, très voisine de la percussion directe dure, dont nous ne reprendrons pas la description ici et la seconde où le percuteur de pierre tendre est employé pour le détachement des lames à l'instar d'un percuteur organique. Nous nous contenterons de rappeler les principaux indices qui nous ont aidés à la reconnaissance de cette technique au sein de nos séries, car nous souhaitons renvoyer explicitement à l'article de J. Pelegrin qui décrit de manière beaucoup plus précise et systématique les éléments de diagnose des différentes techniques de percussion. Nous reproduisons ici certains de ses clichés expérimentaux de percussion tendre minérale (Pelegrin, 2000, p.79) afin de les comparer avec les pièces de la Grotte Walou (Fig. 9). Deux autres clichés illustrent nos observations sur un échantillon de lames débitées à la pierre provenant de la série gravettienne du Cirque de la Patrie (Fig. 9-e et 9-f).

En ce qui concerne la description des stigmates de la pierre tendre, nous citerons directement l'article sus-mentionné : « *La pierre tendre étant plus agressive que le bois végétal le plus dur ou le bois de cervidé, il importe d'autant plus d'abraser et même d'émousser soigneusement le point de contact prévu. Aucune aspérité ou angulation n'est ici tolérable, car sa fragilité la ferait éclater au contact de la pierre tendre. Ainsi sauf la fraction de talons dégradés lors du choc, un caractère nécessaire (évocateur) mais pas exactement suffisant réside dans l'émoussé bien net du bord antérieur du talon, résultat d'un frottement ferme de plusieurs dizaines de secondes, qui doit être visible sur une bonne majorité de produits, et en particulier des produits les plus réguliers de plein débitage. Selon la qualité du percuteur (grès de grain très fin de tendreté optimale, ou silex à cortex épais et tendre) et le soin de la préparation, les stigmates techniques peuvent parfois reproduire ceux de la percussion tendre. (...). Cependant, on peut parfois observer à contre-jour une fissure incomplète sur le talon à la base du point de contact. Le plus souvent néanmoins, le grain incisif de la pierre tendre détermine un point d'impact discret mais bien visible à jour frisant, sous forme d'un petit cône détouré dans ses premiers mm, (...), éventuellement marqué de fines rides concentriques. En relation avec ce phénomène, la ligne postérieure du talon est moins régulière, moins « propre » que par percussion organique : elle accroche l'ongle qui la suit transversalement. La lèvre est alors minime voire absente au niveau même du point de contact, (...), et le talon peut donc être très mince, à peine mesurable (ordre du millimètre).* » (Pelegrin, 2000, p.78) (Fig. 9-c).

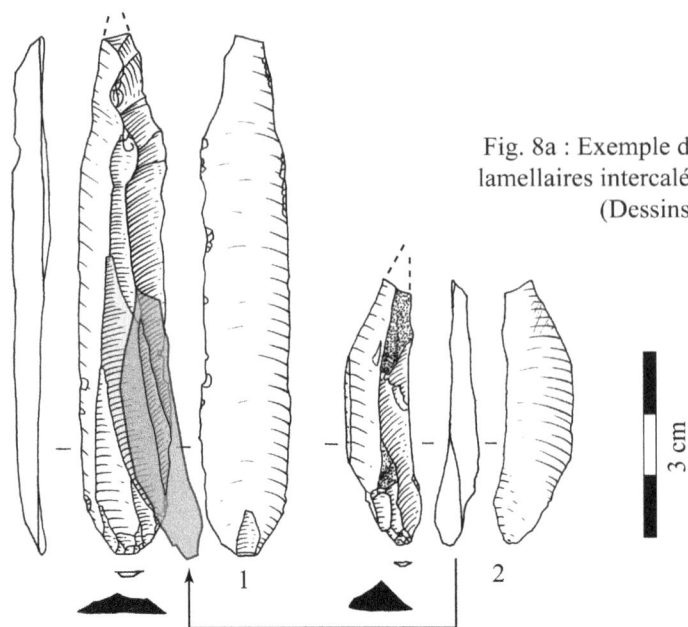

Fig. 8a : Exemple de cintrage par négatifs lamellaires intercalés, B5X (Grotte Walou) (Dessins L. Klaric).

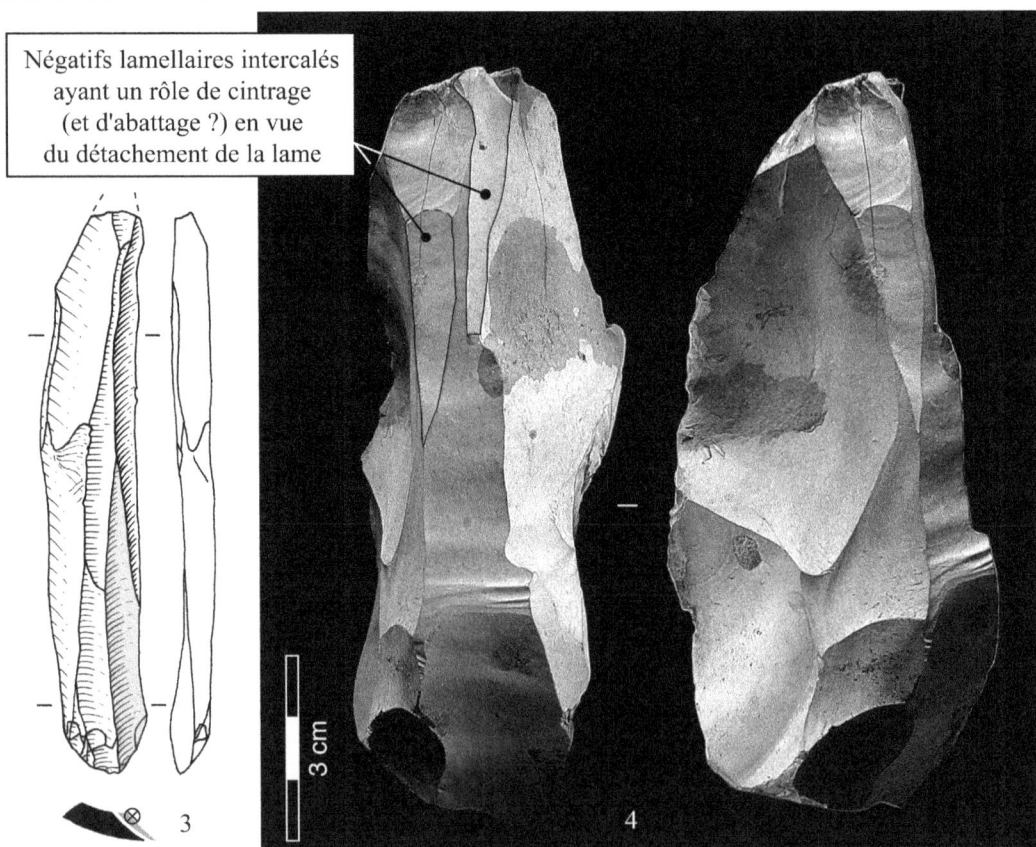

3 cm

Négatifs lamellaires intercalés ayant un rôle de cintrage (et d'abattage ?) en vue du détachement de la lame

3 cm

Fig. 8b : Exemple de lame portant un enlèvement lamellaire intercalé servant au cintrage de la partie proximale et nucléus portant le même type de préparation (Le Cirque de la Patrie, in Klaric, 2003).

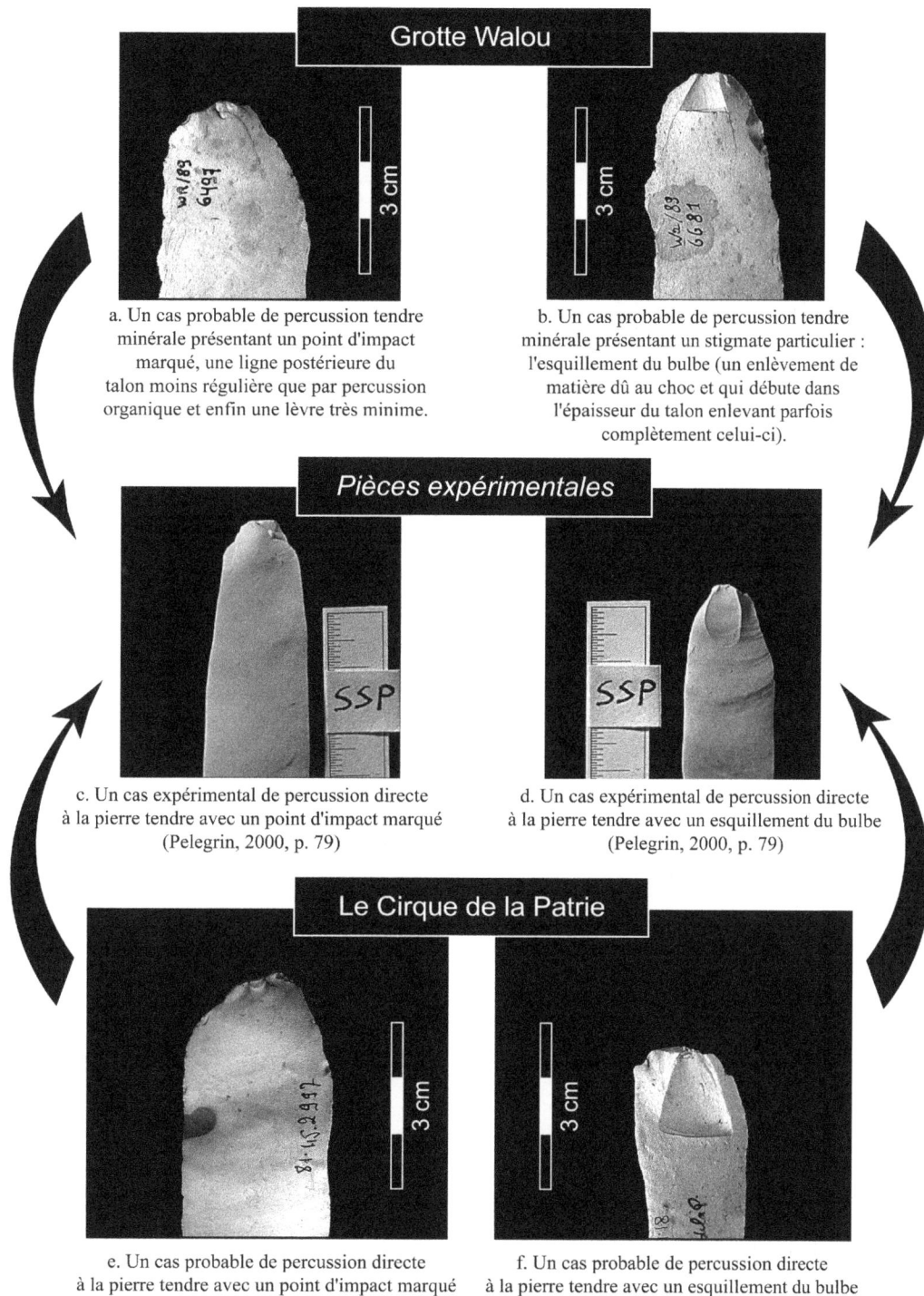

Grotte Walou

a. Un cas probable de percussion tendre minérale présentant un point d'impact marqué, une ligne postérieure du talon moins régulière que par percussion organique et enfin une lèvre très minime.

b. Un cas probable de percussion tendre minérale présentant un stigmate particulier : l'esquillement du bulbe (un enlèvement de matière dû au choc et qui débute dans l'épaisseur du talon enlevant parfois complètement celui-ci).

Pièces expérimentales

c. Un cas expérimental de percussion directe à la pierre tendre avec un point d'impact marqué (Pelegrin, 2000, p. 79)

d. Un cas expérimental de percussion directe à la pierre tendre avec un esquillement du bulbe (Pelegrin, 2000, p. 79)

Le Cirque de la Patrie

e. Un cas probable de percussion directe à la pierre tendre avec un point d'impact marqué

f. Un cas probable de percussion directe à la pierre tendre avec un esquillement du bulbe

Fig. 9 : Stigmates de percussion à la pierre tendre sur des lames de la Grotte Walou et du Cirque de la Patrie (Klaric, 2003). Comparaison avec un référentiel expérimental (Pelegrin, 2000, p.79 - Clichés Centre archéologique de Lejre (Danemark) après enfumage au magnésium par J. Pelegrin). (Clichés du matériel de la Grotte Walou et du Cirque de la Patrie L. Klaric)

J. Pelegrin signale également deux stigmates particuliers, mais dont l'occurrence est faible et variable, de l'ordre de quelques % à 20 %. D'une part : « *certains produits portent des rides fines et serrées tout au long de leurs premiers cm, phénomène probablement dû à l'écrasement des grains du percuteur ou à la dégradation du point de contact pendant l'initiation de la fracture* » (Pelegrin, 2000, p.79) et d'autre part : « *certains produits (qui peuvent être les mêmes que les précédents) montrent un phénomène accidentel que nous désignons par « esquillement du bulbe », à ne pas confondre avec l'esquille bulbaire ordinaire (...). En fait, il s'agit d'un esquillement produit par le choc vers la face d'éclatement de l'enlèvement, comme pour les pièces esquillées et selon le même mécanisme. Cet esquillement du bulbe débute ainsi dans l'épaisseur du talon, enlevant parfois presque complètement celui-ci.* » (Pelegrin, 2000, p.79) (Fig. 9-d).

Certains de ces indices, sont représentés à la Grotte Walou (Fig. 9-a et 9-b) où 38 lames et fragments de lames ont pu faire l'objet d'un diagnostic (12 cas probables de percussion minérale tendre, 9 cas possibles et 17 cas ambigus, c'est-à-dire s'inscrivant dans la marge de recouvrement entre organique et minérale tendre). Seules 3 pièces présentent un accident particulier de type esquillement du bulbe (Fig. 9-b) mais aucune ne montre de rides fines et serrées nettement perceptibles (ce qui peut être directement lié au grain du silex ou, indirectement, au fait que l'échantillon examiné soit trop restreint). En revanche, les autres indices sont bien présents et la plupart des talons lisses sont très réduits et présentent quasi-systématiquement une abrasion (Fig. 6c, n°1-4-5).

L'identification de cette technique particulière de percussion à la Grotte Walou ne nous permet pas de pousser plus loin nos interprétations d'un point de vue technologique. Ainsi, nous ne savons pas si son emploi est systématique et s'applique à l'ensemble de la chaîne opératoire ou si elle n'est utilisée que ponctuellement dans certaines phases particulières du débitage à l'instar de ce qui a été reconnu dans quelques séries du Tardiglaciaire français comme celles de Cepoy ou Marsangy (Valentin, 1995, p. 441).

CONCLUSION

La séquence gravettienne de la Grotte Walou offre un certain nombre d'éléments novateurs pour la connaissance du Gravettien de Belgique. Il faut bien sûr reconnaître le caractère restreint des interprétations que nous pouvons formuler à partir de cette seule série. Toutefois, l'étude du mobilier lithique, même si elle ne permet pas d'appréhender dans son ensemble la chaîne opératoire du débitage laminaire, ouvre de nouvelles voies de questionnement utiles aux problématiques de recherche actuelles. L'identification de la percussion minérale tendre est probablement l'un des éléments qui engendre le plus de questions. Même si ce premier diagnostic reste marginal au sein du Gravettien belge, il ouvre des perspectives qu'il conviendra d'approfondir. S'agit-il d'une technique utilisée de manière anecdotique ou au contraire d'un phénomène plus répandu parmi les faciès gravettiens de Belgique ? Rappelons à ce propos que nous avons déjà identifié cette technique de percussion pour le Gravettien récent de certains sites du Bassin parisien comme le Cirque de la Patrie (Nemours, Seine-et-Marne) (Fig. 5-e et 5-f) et la Pente-des-Brosses (Montigny-sur-Loing, Seine-et-Marne) et qu'*a contrario*, c'est une percussion organique tendre qui a été majoritairement utilisée pour le détachement des lames pour au moins deux séries du Gravettien moyen français que nous avons étudiées (La Picardie en Indre-et-Loire, Brassempouy dans les Landes) (Klaric, 2003). Ainsi, la discrimination des techniques de percussion constitue un élément de sériation supplémentaire pour appréhender cette mosaïque de faciès qui composent le Gravettien. Mais nous rappellerons *in fine* que c'est l'ensemble des éléments constitutifs des systèmes techniques lithiques qui permettent de mieux appréhender la diversité culturelle du Gravettien à l'échelle des différentes régions d'Europe (Klaric, 2007).

Remerciements

Nous tenons ici à remercier particulièrement Michel Dewez et Béatrice Schmider qui nous ont confié l'étude du matériel gravettien de la Grotte Walou. Merci également à Anne Francis et Durgi Vandercappel qui nous ont transmis une part de la documentation initialement manquante et qui ont assuré le suivi et la coordination éditoriale de cette monographie. Nos remerciements vont enfin à tous les collègues qui nous ont aidés au cours de notre apprentissage de la reconnaissance de la « pierre tendre », merci donc à Jacques Pelegrin, Boris Valentin, et Pierre Bodu.

Bibliographie

ANGELROTH H. 1951 – Lames et lamelles à dos abattu des cavernes de Goyet (Périgordien et Aurignacien). « Mélanges en hommage au Professeur Hamal-Nandrin à l'occasion du 26ème anniversaire de la création, à l'Université de Liège, de l'enseignement de l'Archéologie préhistorique Merksplas », p. 111-116.

BODU P. 2000 – Que sont devenus les Magdaléniens du Bassin parisien ? Quelques éléments de réponse sur le gisement azilien du Closeau (Rueil-Malmaison, France). *In* : « *L'Europe centrale et septentrionale au Tardiglaciaire* ». Table-ronde de Nemours, B.Valentin, P.Bodu et M.Christensen dir., 13-16 mai 1997, Mémoires du Musée de Préhistoire d'Ile-de-France, n°7, p. 315-339.

DEWEZ M. 1986 – Recherches dans les grottes de la vallée de la Magne. *Archaeologia Belgica II*, 1, p. 7-8.

DEWEZ M. 1987 – Grotte Walou (Trooz, Liège). *Archéologie*, 1987 (2), p. 139

DEWEZ M. 1989 – Données nouvelles sur le Gravettien de Belgique. *Bulletin de la Société Préhistorique Française*, Tome 86, n°5, p. 138-142.

DEWEZ M. (dir.) 1993 – *Recherches à la Grotte Walou à Trooz (Province de Liège, Belgique)*. Société wallonne de Palethnologie, mémoire n°7, Liège, 80 p.

DRAILY C. 1998 – Le Moustérien de la couche C8 de la grotte Walou à Trooz (Province de Liège). *Etudes et documents, Archéologie*, 5, p. 63-74.

ELOY L. & OTTE M. 1995 – Le Périgordien de l'abri sous-roche de Goyet (Namur, Belgique). Bulletin de la Société Royale Belge d'Etudes Géologiques et Archéologiques, Tome 35, p. 25-40.

FAGNART J-P. 1997 – *La fin des temps glaciaires dans le Nord de la France : approches archéologique et environnementale*. Mémoires de la Société Préhistorique Française, tome 24, 270 p.

HAESAERTS P. 1978 – Contexte stratigraphique de quelques gisements paléolithiques de plein air de Moyenne Belgique. *Bulletin de la Société Royale d'Anthropologie de Belgique*, 89, p. 115-133.

KLARIC L. 2001 – L'industrie lithique gravettienne du Trou Walou (Commune de Trooz, Province de Liège, Belgique). *In* : « *XIVème Congrès de l'Union International des Sciences Préhistoriques et Protohistoriques* », Liège, 2-8 septembre 2001, Belgique, Pré-actes, p. 167.

KLARIC L. 2003 – L'unité technique des industries à burins du Raysse dans leur contexte diachronique. Réflexions sur la diversité culturelle au Gravettien à partir des données de la Picardie, d'Arcy-sur-Cure, de Brassempouy et du Cirque de la Patrie. Thèse de doctorat. Université de Paris I, 426 p.

KLARIC L. 2004 - Un usage de la pierre tendre pour le débitage des lames au Gravettien : Remarques à propos de l'industrie lithique de la Grotte Walou (Commune de Trooz, Province de Liège, Belgique). *In* : « *Le Paléolithique supérieur, Section 6* ». Actes du XIVème Congrès de l'UISPP, 2-8 septembre 2001, Liège, Belgique, B.A.R. International Series 1240, p.23-31.

KLARIC L. 2007 – Regional groups in the European Middle Gravettian. A reconsideration of the Rayssian technology, *Antiquity*, Vol. 81, p. 176-190.

MADSEN B. 1983 – New evidence of late Palaeolithic settlement in East Jutland. *Journal of Danish Archaeology*, vol. 2, p. 12-31.

MADSEN B. 1992 – Hamburgkulturens flintteknologi i Jels. In *Istidsjægere ved Jessøerne : Hamburgkulturen i Danmark*. J.Holm & F.Riek, Haderslev, Skrifter fra Museumrådet for Sønderjyllands Amt, 5, p. 93-131.

MARTINEZ A.E. & GUILBAUD M. 1993 – Remontage d'un nucléus à lames gravettien à Huccorgne : aspects d'une chaîne opératoire. *Préhistoire Européenne*, vol.5, p. 146-160.

NOIRET P., OTTE M., STRAUS L-G., LEOTARD J-M., MARTINEZ A., ANCION V., NEWMAN M., LACROIX P., GAUTIER A., CORDY J-M., HAESAERTS P. 1994 – Recherches paléolithiques et mésolithiques en Belgique, 1993 : La Grotte Magrite, Huccorgne et l'Abri du Pape. *Notae Praehistoricae*, 13, p. 45-62.

OTTE M. 1976 – Le Périgordien en Belgique. In : *Aurignacien, Périgordien, Gravettien*, ERAUL 13, Congrès UISPP, p. 144-153.

OTTE M. 1977 – Données générales sur le Paléolithique Supérieur ancien de Belgique. *L'Anthropologie*, Tome 81, n°2, p. 235-272.

OTTE M. 1979 – *Le Paléolithique Supérieur Ancien en Belgique*. Musées Royaux d'Art et d'Histoire, Bruxelles, 684 p.

OTTE M. 1983 – Le Paléolithique de Belgique, essai de synthèse. *Bulletin de la Société Préhistorique Française*, Tome 87, n°3, p. 291-321.

OTTE M. & NOIRET P. 1996 – Le Paléolithique supérieur de Belgique. In : *Le Paléolithique supérieur européen Bilan quinquennal 1991-1996*, ERAUL 76, Congrès UISPP, Forli, p. 193-201.

PELEGRIN J. 1991 – Sur une recherche technique expérimentale des techniques de débitage laminaire. *In* : « *Archéologie expérimentale, tome 2 : La Terre* ». Actes du colloque international de Beaune «Expérimentations en Archéologie : bilan et perspectives ", avril, 1988, Paris, Errance, p. 118-128.

PELEGRIN J. 2000 – Les techniques de débitage laminaire au Tardiglaciaire : critères de diagnose et quelques réflexions. *In* : « *L'Europe centrale et septentrionale au Tardiglaciaire* ». Table-ronde de Nemours, B.Valentin, P.Bodu et M.Christensen dir., 13-16 mai 1997, Mémoires du Musée de Préhistoire d'Ile-de-France, n°7, p. 73-86.

RENARD C. 2002 - Des témoins solutréens en France septentrionale : un mode original de production de support de pointe à face plane (La Celle-Saint-Cyr, Yonne). *Bulletin de la Société Préhistorique Française*, Tome 99, n°3, p. 461-485.

STRAUSS L.G., OTTE M., HAESAERTS P., (dir.) 2000 – *La station de l'Hermitage à Huccorgne, un habitat à la frontière septentrionale du monde gravettien*. ERAUL 94, Liège, 229 p.

VALENTIN B. 1995 – *Les groupes humains et leurs traditions au Tardiglaciaire dans le Bassin parisien : apports de la technologie comparée*. Thèse de Doctorat, Université de Paris I, 3 vol.

VALENTIN B. 2000 – L'usage des percuteurs en pierre tendre pour le débitage des lames. Circonstances de quelques innovations au cours du Tardiglaciaire dans le Bassin parisien. *In* : « *Le Paléolithique supérieur récent : nouvelles données sur le peuplement et l'environnement* ». Actes de la table-ronde de Chambéry (12-14 mars 1999). Pion G. (éd.), Mémoire XXVIII de la Société Préhistorique Française, p. 253-260.

VALENTIN B. & PIGEOT N. 2000 – Eléments pour une chronologie des occupations magdaléniennes dans le Bassin parisien. *In* : « *L'Europe centrale et septentrionale au Tardiglaciaire* ». Table-ronde de Nemours, B.Valentin, P.Bodu et M.Christensen dir., 13-16 mai 1997, Mémoires du Musée de Préhistoire d'Ile-de-France, n°7, p. 129-138.

LE PALÉOLITHIQUE SUPÉRIEUR FINAL DE LA GROTTE WALOU
(Province de Liège, Belgique)

Michel DEWEZ (*), Anne FRANCIS (**) et Eric TEHEUX (***)

(*) Université Catholique de Louvain
Département d'Archéologie, Collège Erasme
B-1380 Louvain-la-Neuve
Belgique

(**) Laboratoire de Préhistoire SAPIENS
Université Catholique de Louvain
Département d'Archéologie, Collège Erasme
B-1380 Louvain -la- Neuve
Belgique

(***) Institut National de Recherches Archéologiques Préventives
France

Abstract: The *beautiful and rich stratigraphical sequence of Walou Cave reveals Mousterian, Aurignacian, Gravettian, Magdalean, Creswello-tjongerian, Mesolithical and Neolithical industries. The Creswello-tjongerian series is a new stage in our understanding of North-Western cultures during the Tardiglaciation. This people, gatherers – hunters, made a brief halt under the entrance of the cave (a lot of armature is still staying). The short human occupation is reflecting the live changing, which itself depends on environmental modification.*

INTRODUCTION

La très belle et très riche séquence stratigraphique de la grotte Walou, l'une des plus complète connue à ce jour en Wallonie, a non seulement livré des industries moustérienne et aurignacienne, une industrie de transition Paléolithique moyen / Paléolithique supérieur, des industries magdalénienne, mésolithique et néolithique, mais aussi une petite série lithique de 318 pièces attribuable à un faciès culturel du Tardiglaciaire (couche B1).

STRATIGRAPHIE

Spatialement, cette série du Paléolithique supérieur final est localisée principalement sur la terrasse. Elle est limitée à l'est par la paroi calcaire, tandis que sa bordure ouest est la séquence stratigraphique de référence aménagée en 1988. Les fouilles menées après cette date, à l'ouest de la coupe, n'ont pas apporté d'éléments qui puissent lui être attribué. Les vestiges couvrent une superficie de 35m².

Nous avons relevé une organisation longitudinale d'axe nord-ouest/sud-est, de 13 mètres de long, sur une largeur de 2 à 4 mètres. Ce type de répartition spatiale ne présente aucune structuration d'origine anthropique. Ainsi que les fouilles l'ont mis en évidence, il s'agirait plutôt d'une position secondaire due à des phénomènes périglaciaires (cryoturbation, solifluxion) post-dépositionnels. Le développement nord-ouest/sud-est de la couche B1, et du matériel y inclus, de l'intérieur vers l'extérieur de la cavité, semble être le signe d'un effet de drainage, de type "coulée de boue", dans le sens de la pente naturelle.

29

REPARTITION SPATIALE DE LA SERIE

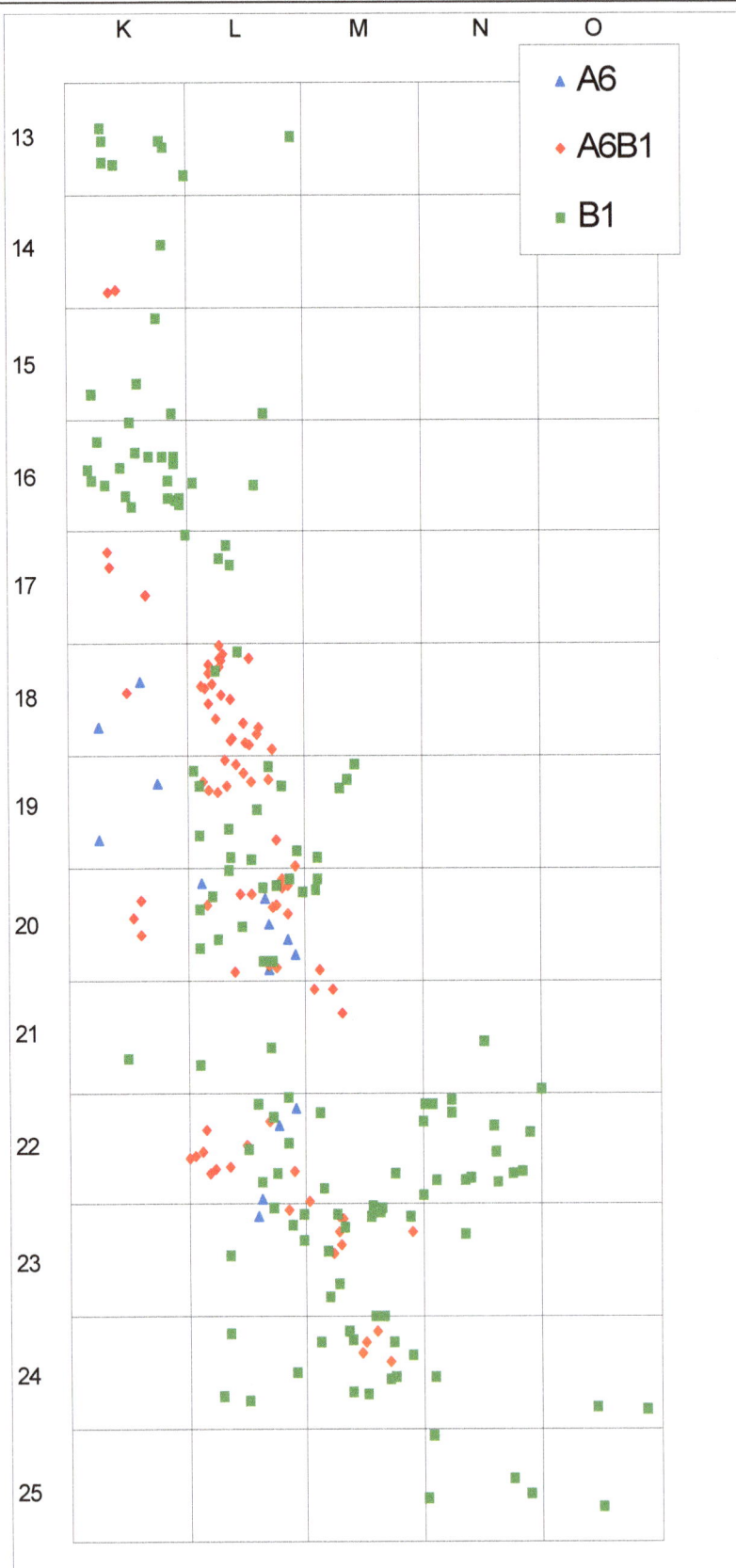

Les fouilles ont aussi montré que l'industrie se trouvait piégée dans des dépressions d'origine cryogénique et qu'elle avait une dispersion verticale importante. En effet, le matériel se retrouve aussi bien dans la couche B1 que dans la couche A6 sus-jacente et l'interface A6/B1. Sur les 35 m², 19 m² ne contenaient que du B1, 2 m² que du A6/B1 et 1 m² que du A6. Par ailleurs, 1 m² était constitué à la fois de A6 et de A6/B1 et 6 m² de A6/B1 et de B1. Enfin, 6m² livraient de l'industrie paléolithique finale dans les trois unités stratigraphiques (A6, A6/B1 et B1).

Cette collection a donc, semble-t-il, subi de profonds remaniements qui rendent impossible toute analyse spatiale de la répartition des vestiges. Par conséquent, il faudra rechercher ses éventuelles interprétations palethnographiques et fonctionnelles ailleurs. Toutefois, deux remontages ont pu être réalisés. Le premier est constitué de deux éclats, trouvés quasiment à la même altitude (-3,96 m et –3,98 m), à environ 80 cm l'un de l'autre, dans le carré L22. Le second comprend, quant à lui, trois éclats : deux d'entre eux étaient localisés dans le carré L19, à 30 cm de distance et à des altitudes similaires (-2,56 m et –2,57 m), le troisième a été découvert dans le carré voisin L18, environ une douzaine de centimètres plus haut (-2,45 m) et à 1 m/1,20 m des deux autres. Ce qui semble indiquer que le remaniement de l'installation s'est probablement produit en un seul épisode et a affecté la totalité de la série dans une dynamique peu violente.

MATERIAUX

Plusieurs types de matières premières ont pu être différenciés. La plus utilisée est un silex mastrichtien, gris-noir à l'origine, fortement patiné en blanc. Ce silex est de qualité assez médiocre : il présente de nombreuses aspérités, inclusions et géodes. De plus, certains rognons récoltés étaient gélivés. Cette matière première a subi des altérations post-dépositionnelles importantes : nécrose (désilicification) et fragmentation cryoclastique (cupules de gel très fréquentes). Ce dernier fait indiquerait que les vestiges d'occupation sont restés à l'air libre, ou peu profondément enfouis, et ont subi des séquences de gel intense – dégel durant un épisode climatique particulièrement froid (Dryas III ?).

A côté de cette matière première dominante, nous avons distingué une belle lame (avec traces macroscopiques d'utilisation) en silex gris, à gros grains, ainsi qu'une lamelle et un éclat retouché (grattoir?) en silex noir, très fin, faiblement patiné.

Une des deux zones d'affleurement silexifère du Crétacé belge se trouve dans la basse vallée de la Meuse (Caspar, 1984, p.109). Mais, étant donné la qualité, ou plutôt le manque de qualité de notre silex, il est plus probable qu'il provienne de poches de conglomérat constituées de rognons et de débris de silex plus ou moins altérés. Selon Gob (1981, p.42), de telles poches se retrouvent principalement sur les hauteurs du plateau de Herve, un peu sur le plateau des Hautes-Fagnes et *"...sous une forme plus altérée encore et disséminées au sein de dépôts de natures différentes sur une grande partie des plateaux du nord-ouest du bassin de l'Ourthe"*. C'est sans doute dans l'une et/ou l'autre de ces régions que les chasseurs du Tardiglaciaire se sont procurés leur matière première.

TECHNIQUE DE TAILLE ET DEBITAGE

Les 318 pièces de notre série lithique se répartissent de la façon suivante : 2 nucléi, 49 produits laminaires, 62 éclats, 102 esquilles, 97 cassons (pièces dont il est impossible de situer la position réelle dans la chaîne opératoire de la taille du silex), 5 rognons et 1 éolithe. Ce sont les catégories des cassons et des rognons qui montrent les traces les plus évidentes d'altération par le gel : 39 % des cassons (N=38) en portent les stigmates ; quant aux rognons, nous avons classifié quatre d'entre eux (80 %) ainsi parce qu'ils avaient subi l'action du gel au point qu'il nous a été impossible de déterminer s'ils avaient ou non été travaillés auparavant par l'homme.

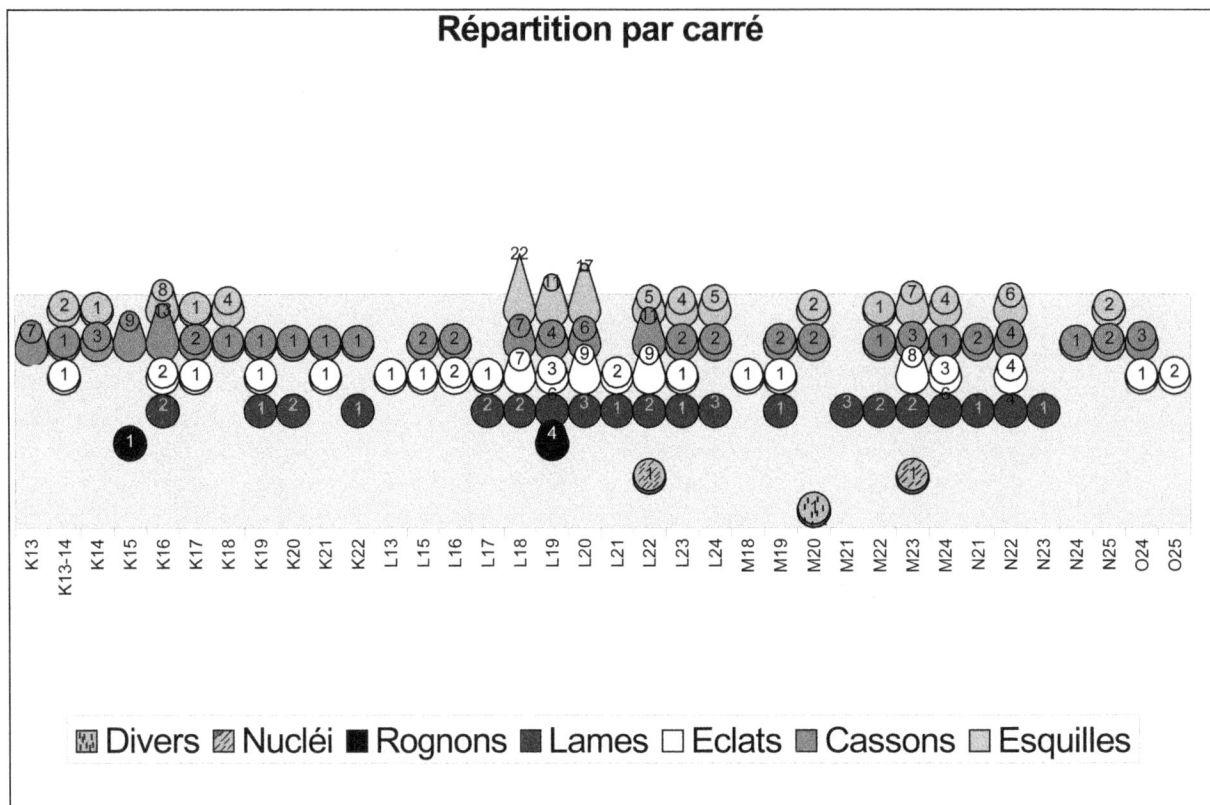

Répartition par carré

🕮 Divers   ▨ Nucléi   ■ Rognons   ■ Lames   □ Eclats   ■ Cassons   ▨ Esquilles

Seuls un nucléus et un flanc de nucléus ont été retrouvés. Nous y avons relevé de nombreux accidents de taille (rebroussements) dus à la mauvaise qualité de la matière première utilisée. Ils indiquent deux modes différents de gestion des blocs : le flanc a été débité unipolairement, le nucléus bipolairement. Dans les deux cas, il s'agit d'un débitage assez opportuniste et expéditif, sans préparation de crêtes latéro-postérieures. Ce style est radicalement différent du débitage soigneux du Magdalénien supérieur final.

L'étude de la production laminaire, tout en confirmant la coexistence de ces deux modes de gestion, met en évidence une tendance au débitage unipolaire : il a été utilisé dans 73 % des cas (N=36) et toutes les lames entières ont été débitées de cette manière. Il nous a été impossible de déterminer le sens du débitage pour quatre des produits laminaires (8 %) et seuls neuf d'entre eux (18 %) ont été débités bipolairement.

La technique de taille utilisée est clairement la percussion directe au percuteur de pierre tendre (Pelegrin, 2000). Le débitage est orienté vers la production de lames droites.

Sur l'ensemble des talons de lame observables (N=21), nous en avons compté cinq punctiformes, six lisses (dont 2 abrasés), cinq dièdres (dont 1 abrasé) et 8 abrasés (dont 2 lisses et un dièdre). La technique d'abrasion du point d'impact n'affecte donc que 38 % de ceux-ci. C'est un taux relativement faible en regard de cet impératif technique lié à la percussion au percuteur de pierre tendre (Pelegrin, 2000). Il est cependant vrai que la série laminaire est de médiocre qualité, à une exception près (il s'agit du proximal de lame en silex gris à gros grain). Le soin apporté à la préparation des autres talons s'est généralement réduit à sa plus simple expression : aménagement d'un dièdre, voire même talon naturel. Ce qui souligne le caractère quelque peu expéditif du débitage des lames de cette série.

Notons aussi que trois supports laminaires entiers ne présentent plus de talon : il s'agit de trois armatures à dos courbe dont la pointe a été aménagée sur l'extrémité proximale, le talon a donc été emporté par la retouche abrupte. Par ailleurs, la pointe d'une armature fragmentaire présente la même caractéristique.

La présence des deux nucléi et d'un assez grand nombre d'esquilles (N=102) et de cassons (N=97) est un indice de l'activité de taille du silex sur le site, lors de l'occupation elle-même. Par contre, l'absence de cortex sur la surface dorsale de 65 % (N=32) des produits laminaires et de 52 % (N=32) des éclats alors que celui-ci couvre moins de la moitié de cette même surface de 35 % (N=17) des produits laminaires et de 37 % (N=23) des éclats et que seuls 11 % (N=7) des éclats présentent une surface dorsale dont plus de la moitié est recouverte de cortex, semble indiquer qu'un dégrossissage préalable a été effectué ailleurs.

TYPOMETRIE

Nous avons précédemment évoqué un mode de débitage orienté vers la production de produits laminaires. Ceux-ci sont au nombre de 49 : 12 lames entières, 13 fragments proximaux, 17 mésiaux et 7 distaux.

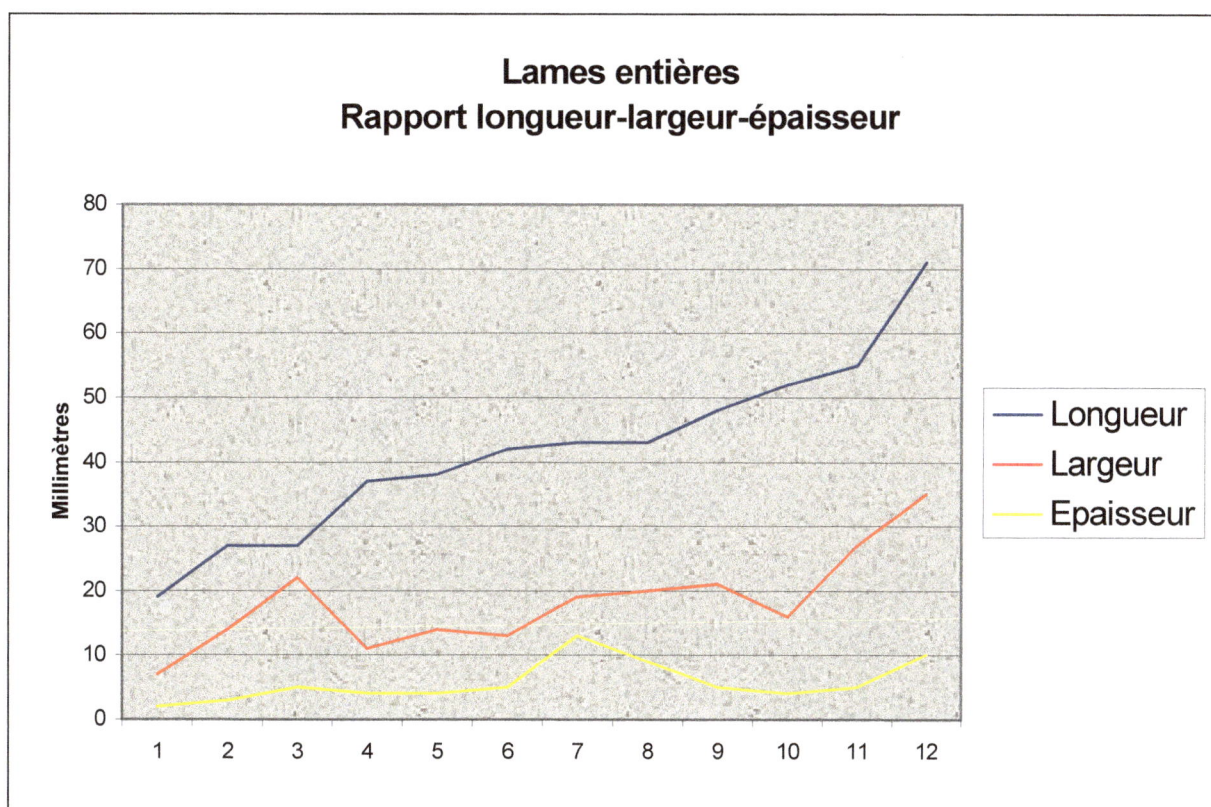

L'analyse typométrique des lames entières donne les tendances suivantes : longueur moyenne de 41,8 mm (avec un écart type, calculé sur l'ensemble de la population, de 13,4), largeur moyenne de 18,3 mm (écart type : 7,3), épaisseur moyenne de 5,8 mm (écart type : 3,1). Les différents écarts types mettent en évidence une très large dispersion des mensurations prises et donc une production peu axée sur l'obtention de gabarits.

La production lamellaire ne semble pas avoir été recherchée : nous n'avons trouvé que deux lamelles à dos, ce qui représente seulement 4 % de l'ensemble des produits laminaires.

OUTILLAGE

Les pièces retouchées sont peu nombreuses (8 % de l'ensemble des silex) : il s'agit de douze lames et de douze éclats.

L'outillage du fond commun est de piètre facture et a été réalisé majoritairement sur éclats (11 pièces) :

- trois éclats simples retouchés,

- une troncature oblique directe,

- cinq burins atypiques (à noter également la présence de trois chutes de burin),

- une tablette de nucléus transformée en racloir par retouche inverse abrupte du bord droit et retouche directe abrupte du bord distal,

- un gros racloir concavo-convexe moustérien présentant la trace d'un enlèvement postérieur.

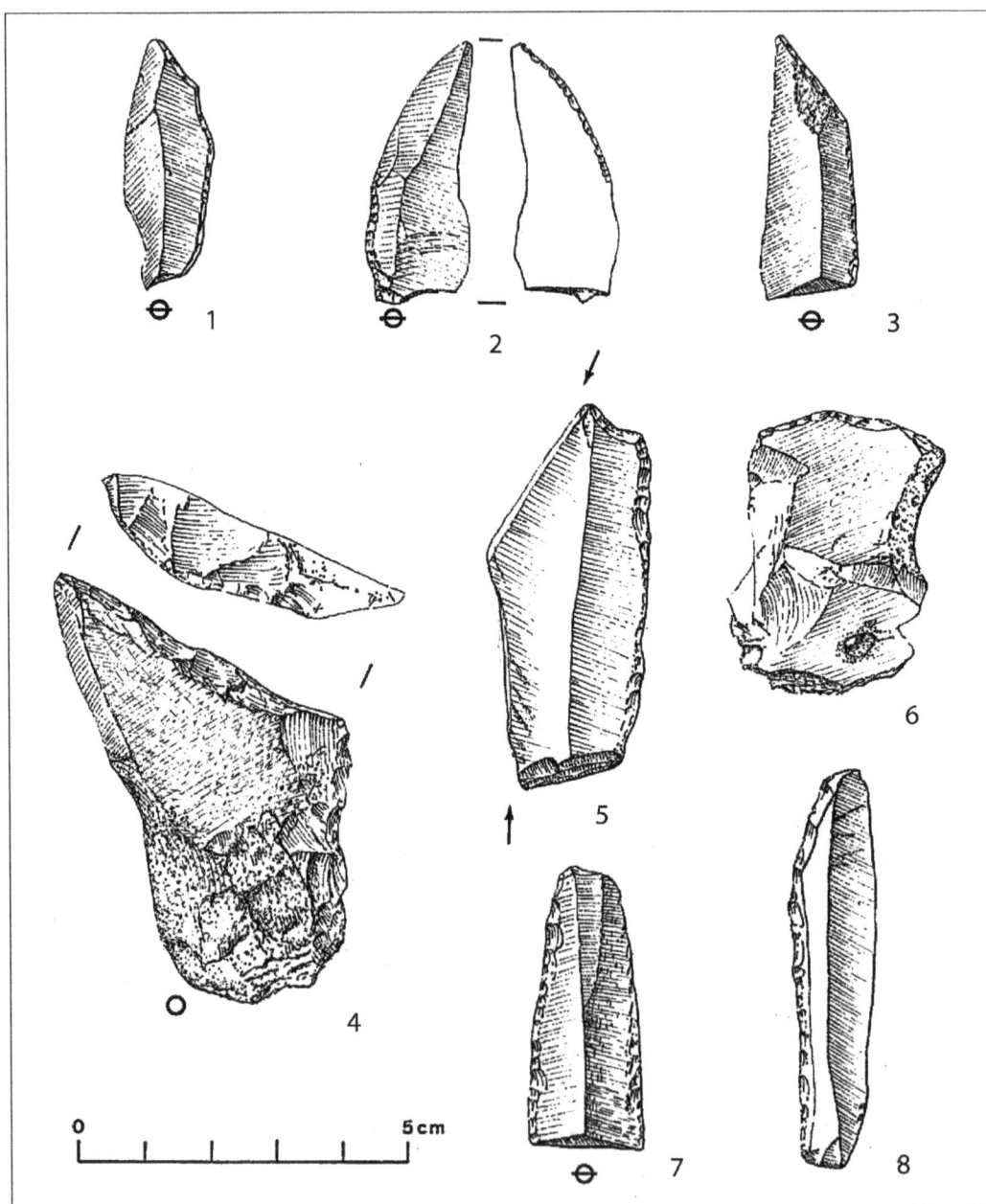

Figure : Quelques outils provenant de la couche B1 de la grotte Walou. 1. Pointe à dos courbe (pointe de Tjonger), 2. Pointe à dos courbe à retouches alternes, 3. Pointe à troncature oblique et dos retouché (pointe de Creswell), 4. Eclat à troncature oblique, 5. Burin double sur troncature, 6. Eclat retouché, 7. Fragment distal de lame retouchée, 8. Lame à bord abattu courbe (dessins : Armand Silvestre).

Quatre des produits laminaires peuvent néanmoins être classés dans la catégorie des outils domestiques :

- deux fragments mésiaux, l'un avec une fine retouche marginale du bord gauche et l'autre avec retouche des deux bords,

- un outil composite formé d'un grattoir (dont le front est cassé) en bout de lame avec retouche abrupte de la moitié proximale du bord droit et traces d'utilisation sur le bord gauche,

- une lame en silex gris à gros grains, déjà citée plus haut, sur laquelle des esquillements macroscopiques d'utilisation sont visibles.

ARMATURES

A côté de ces outils domestiques peu caractéristiques, les éléments les plus remarquables et les plus soignés de notre série sont deux lamelles à dos et sept armatures de type divers :

- quatre pointes à dos courbe (pointes de Tjonger), latéralisées aussi bien à droite (2) qu'à gauche (2),

- une pointe à troncature oblique et dos retouché (pointe de Creswell),

- une pointe fragmentaire qui pourrait aussi bien être une partie de pointe de Tjonger que de Creswell,

- un petit éclat à bord retouché.

Toutes ces armatures étaient vraissemblablement des pointes de flèche. L'une des pointes de Tjonger porte d'ailleurs une "*step fracture*" témoignant de son impact.

ATTRIBUTION CULTURELLE

Malgré l'outillage domestique peu informatif, la diagnose est très clairement fournie par la série des armatures qui sont typiques du techno-complexe creswello-tjongérien (sensu Dewez, 1987). La prédominance des pointes de Tjonger semble indiquer qu'il s'agit d'une phase récente de cette culture. Cette observation est corroborée par la technique (percussion au percuteur de pierre tendre), le débitage peu soigné et l'utilisation de la retouche pour calibrer les armatures

Il convient de signaler ici que le techno-complexe creswellien a subi depuis peu une révision complète de sa conception, tant d'un point de vue technologique et typologique que géographique. Selon certains auteurs anglais et français, le terme "creswellien" doit être réservé à des ensembles représentés presque exclusivement par des sites britanniques tandis que celui de "culture à Federmesser" est utilisé de préférence en Europe continentale. Quoiqu'il en soit la série d'armatures de la grotte Walou est bien caractéristique de l'armement aziloïde que l'on retrouve partout en Europe au Tardiglaciaire.

CHRONOLOGIE

Nous disposons de deux datations absolues (Gilot, 1993, p.23) : la première, réalisée sur de la microfaune de la couche A6 sus-jacente, est de 9.450 BP ± 270 (LV 1583D), la seconde qui date de la macrofaune de la couche B1 proprement dite, est de 9.990 BP ± 180 (LV 1556). Il est évident que la date la plus récente ne convient pas : elle a juste le mérite de nous offrir un terminus antequem, bien que celui-ci soit peu satisfaisant. La date la plus ancienne ne correspond pas plus au maximum de dispersion chronologique de notre culture qui s'est épanouïe essentiellement durant l'Allerød.

La clef d'une attribution chronologique théorique est donc à rechercher plutôt dans le matériel archéologique lui-même et dans les différents phénomènes taphonomiques qui ont affecté celui-ci. Ainsi que nous l'avons déjà signalé, nous avons plusieurs indices techniques en faveur d'une phase récente du Creswello-Tjongérien. Nous savons, par ailleurs, que des phénomènes périglaciaires ont modifié aussi bien le matériel lithique que les couches sous-jacentes et que notre série n'a pas été retrouvée en position primaire. Nous pouvons donc retracer, à titre d'hypothèse, le scénario suivant :

1. Installation d'un petit groupe de chasseurs à l'abri du surplomb rocheux, pendant un laps de temps assez court, à la fin de l'Allerød, vers 11.000 BP
2. La grotte reste inoccupée durant le Dryas III. Au cours de cette dernière période très froide du Tardiglaciaire, l'alternance de phases de gel intense et de dégel laisse ses marques sur le matériel archéologique et provoque la formation de poches cryoclastiques en aval des vestiges du camp de chasse.
3. Avant la colonisation de la grotte par les rapaces au Préboréal, suite à un accroissement de l'humidité et sous l'action du dégel (saisonnier ?), une coulée de boue se forme et emporte avec elle le matériel lithique dont une partie se retrouve piégée dans les cuvettes.

CONCLUSION

La série creswello-tjongérienne de la grotte Walou est un nouveau jalon dans notre connaissance du peuplement du nord-ouest de l'Europe au Tardiglaciaire. Il s'agit d'un petit campement de chasseurs-cueilleurs venus s'abriter brièvement sous le porche de la grotte au cours d'une chasse à l'arc (présence de nombreuses armatures). Ces chasseurs ont fréquenté la vallée de la Magne à la fin de l'Allerød, il y environ 11.000 ans. La brièveté de l'occupation est le reflet d'un changement de mode de vie, lui-même consécutif à une modification de l'environnement : si les ancêtres magdaléniens vivaient dans un paysage ouvert et pratiquaient un nomadisme saisonnier, les Creswelliens, eux, voient leur milieu se boiser et semblent avoir été beaucoup plus mobiles que leurs prédécesseurs. Une telle évolution a été observée à la même époque partout en Europe.

Bibliographie

CASPAR, J.-P., 1984. Matériaux lithiques de la préhistoire, in D. CAHEN et P. HAESAERTS éd., Peuples chasseurs de la Belgique préhistorique dans leur cadre naturel, Bruxelles, p. 107-114.

GOB, A., 1981. Le Mésolithique dans le bassin de l'Ourthe, SOWAP, mémoire n° 3, Liège.

PELEGRIN, J., 2000. Les techniques de débitage laminaire au Tardiglaciaire : critères de diagnose et quelques réflexions, in B. VALENTIN, P. BODU et M. CHRISTENSEN (dir.), L'Europe centrale et septentrionale au Tardiglaciaire. Actes de la table-ronde internationale de Nemours 14-15-16 mai 1997. Mémoires du Musée de Préhistoire d'Ile-de-France n° 7, Ed. A.P.R.A.I.F., Nemours, p. 73-86.

LES LAGOPÈDES DE LA GROTTE WALOU
(Province de Liège, Belgique)

Isabelle CREVECOEUR

Université de Bordeaux 1
I.P.G.Q.
Bâtiment de Géologie
Avenue des Facultés
F-33405 Talence
France

Abstract : *The study of grouses gives some palaeoclimatic indications with the variation of quantities of two species: grouse of willows (Lagopus lagopus) and ptarmigan (Lagopus mutus). During the Atlantic Period, the expansion of forest is accompanied by the disappearance of grouses.*

INTRODUCTION

Les lagopèdes des saules (*Lagopus lagopus*) et les lagopèdes alpins (*Lagopus mutus*) représentent la composante principale de l'avifaune des gisements würmiens d'Europe. Leur abondance et leurs exigences vis-à-vis des conditions de vie permettent d'élaborer des hypothèses d'ordre paléoclimatique à partir de la variation du rapport quantitatif des deux espèces au cours du temps. La grotte Walou, à Trooz, dans la province de Liège, est idéale pour une telle analyse car les sédiments qu'elle contient recouvrent une période allant du Paléolithique moyen au Néolithique, soit près de 40.000 ans. Les restes de lagopèdes ont d'abord été triés, puis mesurés suivant des critères précis afin de différencier les deux espèces.

ANALYSE BIOMETRIQUE

Les dimensions des os des deux espèces européennes actuelles de lagopèdes, *Lagopus lagopus* et *Lagopus mutus*, se recouvrant très largement, ces dernières ne peuvent être différenciées l'une de l'autre, de façon certaine, que par la taille de leurs tarsométatarses, phalanges, prémaxillaire et mandibule (Jánossy, 1972 repris dans Mourer-Chauviré, 1975 c). En général, tous les os du *Lagopus mutus* sont plus petits et plus graciles que ceux du *Lagopus lagopus*. Selon E. Kraft (1972), il est impossible de différencier les individus mâles et femelles sur la seule base des mesures car la moyenne des valeurs des mâles est seulement légèrement supérieure à celle des femelles. En ce qui concerne les juvéniles, ils ont une croissance extrêmement rapide et leurs épiphyses sont encore cartilagineuses. Leurs restes ont donc très peu de chance d'être conservés. Seuls les os totalement formés, c'est-à-dire la quasi-totalité des fossiles récoltés, ont été mesurés. Les restes de lagopèdes de la grotte Walou montrent une proportion beaucoup plus importante de tarsométatarses que de phalanges ou de pièces buccales. C'est donc la mesure de cet os qui a été choisie comme critère de répartition des deux espèces au sein de chaque couche sédimentaire.

Chaque tarsométatarse a fait l'objet de quatre mesures : celle de la longueur maximale, de la largeur proximale, de la largeur distale et de la diagonale distale. Ces mesures ont été prises suivant la méthode de Kraft (1972) avec un pied à coulisse d'une précision de 0,1 mm. La largeur minimale et la largeur médiane n'ont pas été prises en compte car, à l'échelle de précision de 0,1 mm, la différence entre les deux espèces de lagopèdes est trop faible pour être mesurée correctement. La longueur maximale est prise depuis les *condylus interarticularis* jusqu'au *trochlea metatarsi* III. La largeur proximale représente la distance perpendiculaire à l'axe sino-plantaire et s'étend de l'extrémité du faciès *articularis medialis* à l'extrémité opposée du faciès *articularis latéralis*. La largeur distale se mesure du *trochlea metatarsis* IV au *trochlea metatarsis* II. Enfin, la diagonale distale est la longueur prise perpendiculairement à la tangente aux deux *trochlea metatarsis* III et IV jusqu'à l'ébauche du *trochlea metatarsis* II.

37

ANALYSE STATISTIQUE

Bien qu'il soit établi que la mesure du tarsométatarse est la seule qui permette de différencier les *Lagopus lagopus* des *Lagopus mutus*, il n'en demeure pas moins difficile de séparer précisément les deux espèces au vu des variations régionales et temporelles des mesures recensées dans la littérature (Kraft, 1972 et Mourer-Chauviré, 1975 c). Il serait incorrect de se référer d'avantage à un auteur plutôt qu'à un autre en ce qui concerne la limite des espèces. C'est pourquoi nous avons eu recours à l'analyse statistique des résultats, à l'aide du logiciel Matlab, pour déterminer quelles sont les mesures les plus susceptibles de discriminer les deux espèces européennes de lagopèdes.

C'est la longueur maximale qui montre la plus grande asymétrie dans la dispersion de ses valeurs ; ce qui fait de cette mesure le facteur le plus discriminant entre les deux espèces de lagopèdes. La largeur proximale est, elle aussi, bien que de façon moins marquée, dissymétrique et se place en seconde position comme critère de discrimination. La largeur distale et la diagonale distale, quant à elles, ne livrent aucun indice permettant de différencier les deux espèces de lagopèdes.

DISTINCTION ENTRE LE LAGOPUS LAGOPUS ET LE LAGOPUS MUTUS

Le diagramme de dispersion de la longueur maximale en fonction de la largeur proximale[1] illustre les séparations métriques entre les deux espèces de lagopèdes européens. Chaque point du diagramme correspond à un tarsométatarse[2] sur lequel les quatre types de mesures ont pu être prises, ce qui limite l'effectif à cent sept os. La limite entre les deux espèces s'exprime suivant les deux axes.

**Diagramme de dispersion
des tarsométatarses entiers**

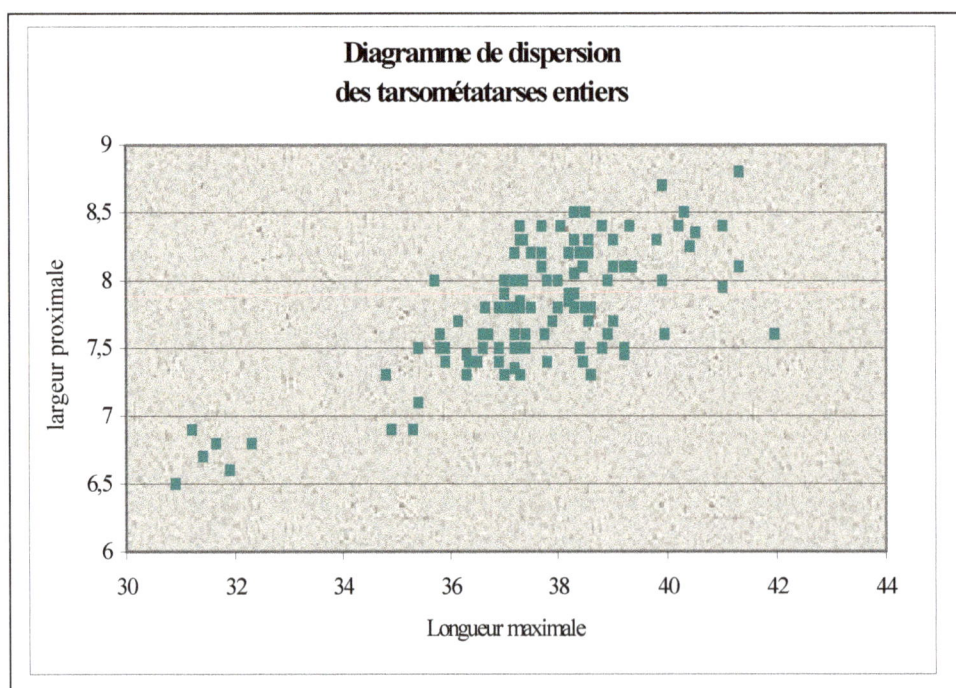

Le diagramme de dispersion a permis de fixer les limites suivantes pour la longueur et la largeur du tarsométatarse chez le *Lagopus lagopus* et le *Lagopus mutus* :

---

[1] D'autres diagrammes de dispersion ont été réalisés avec les mesures de la largeur distale et de la diagonale distale. Aucune discontinuité verticale ne s'est marquée lorsque ces mesures étaient placées en ordonnée par rapport à la longueur maximale.
[2] Deux tarsométatarses posent problème : leur longueur les rattache au *Lagopus lagopus* tandis que leur largeur proximale semble les inclure dans les *Lagopus mutus*. Comme la longueur du tarsométatarse est le caractère le plus discriminant entre les deux espèces, nous avons rangé ces spécimens parmi les *Lagopus lagopus*.

Limite entre *Lagopus lagopus* et *Lagopus mutus* sur base de la longueur maximale et de la largeur proximale du tarsométatarse		
	Longueur maximale	**Largeur proximale**
Lagopus mutus	Mesures inférieures ou égales à 32,2 mm	Mesures inférieures ou égales à 6,9 mm
Indéterminé	Mesures comprises entre 32,3 mm et 34,7 mm	Mesures comprises entre 7 mm et 7,2 mm
Lagopus lagopus	Mesures égales ou supérieures à 34,8 mm	Mesures égales ou supérieures à 7,3 mm

Ces limites montrent des différences assez importantes par rapport aux données de la faune actuelle de Kraft (1972) sur la longueur et la largeur proximale des tarsométatarses des lagopèdes alpins et des saules : les moyennes des valeurs semblent plus basses que celle des espèces actuelles[3].

---

[3] Il faut préciser que les valeurs minimales de Kraft (1972) sont celles des individus femelles, tandis que les valeurs maximales correspondent aux individus mâles.

	Kraft (1972)		Walou	
Tableau comparatif des mesures de la longueur maximale et de la largeur proximale des tarsométatarses des lagopèdes actuels (Kraft, 1972) et des lagopèdes fossiles de la grotte Walou				
	Lagopus mutus	*Lagopus lagopus*	*Lagopus mutus*	*Lagopus lagopus*
Longueur maximale				
Nombre d'individus	28	35	7	130
Minimum	30,7 mm	36,6 mm	29,7 mm	34,8 mm
Maximum	35,4 mm	42,6 mm	32,3 mm	41,95 mm
Moyenne	32,7 mm	38,4 mm	31,2 mm	37,85 mm
Largeur proximale				
Nombre d'individus	28	35	13	278
Minimum	6,9 mm	7,6 mm	6,5 mm	7,3 mm
Maximum	8 mm	9 mm	6,9 mm	8,8 mm
Moyenne	7,2 mm	8,2 mm	6,75 mm	7,8 mm

Cette différence de taille pourrait s'expliquer de deux façons. Dans le premier cas, il s'agirait d'un phénomène évolutif au sein de l'espèce. Cette hypothèse est envisagée par C. Mourer-Chauviré (1975 c) qui a comparé une population de lagopèdes fossiles retrouvée dans le gisement de la Colombière à Neuville-sur-Ain (France) à un échantillon de lagopèdes actuels. Il en ressort que la moyenne de chaque espèce s'est déplacée au cours du temps. Ce type d'évolution n'est pas unique, le même phénomène a été mis en évidence pour l'espèce *Perdix paleoperdix*, forme ancestrale de l'espèce actuelle *Perdix perdix*. Les différentes populations fossiles présentent d'importantes variations métriques les unes par rapport aux autres, tout en ayant des os relativement plus courts que ceux des formes actuelles (Mourer-Chauviré, 1975 a). Dans le second cas, ces variations de taille se seraient produites suite à une pression sélective du milieu environnemental et ne correspondraient pas à une tendance évolutive régulière marquée au cours du temps.

NOMBRE MINIMAL D'INDIVIDUS PAR COUCHE

Le tableau suivant recense le nombre minimal d'individus par couche sur base du décompte des tarsométatarses ou des autres os disponibles.

Couches	Nombre minimal d'individus
A4	1 (tibiotarse)
A5	5(tmt)
A6	137 (tmt)
A6/B1	7 (tmt)
B1	17 (tmt)
B4	6 (tmt)
B5	1 (tmt très abîmé)
C6ab	7 (tmt)
C6cd	8 (tmt)
C7	1(tmt très abîmé)

LA COUCHE A6 : ANALYSE DU DEPOT

Répartition des os de lagopèdes dans la couche A6

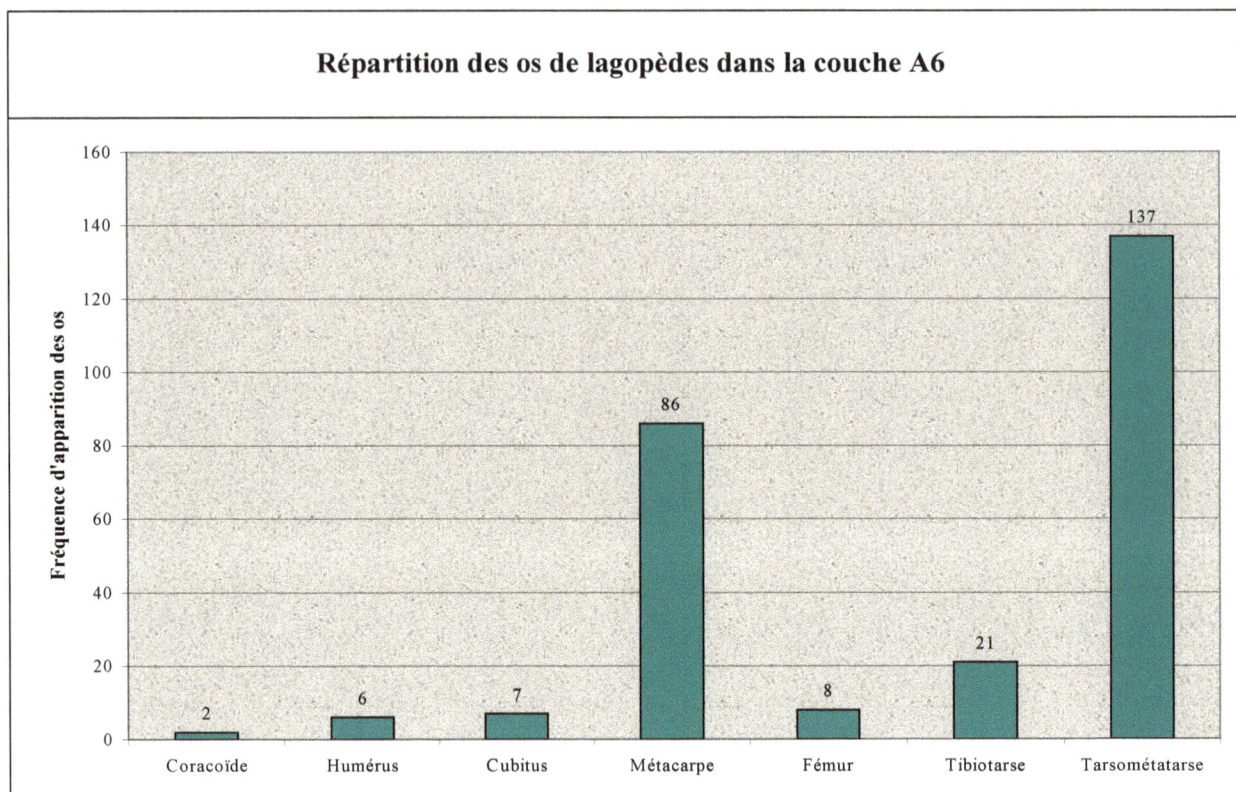

La couche A6 mérite une attention particulière puisque les trois quarts des os de lagopèdes récoltés en sont issus. Ces restes correspondent principalement aux segments distaux des ailes et des pattes, c'est-à-dire aux tarsométatarses et aux métacarpes. Cette répartition ne peut s'expliquer par une différence de robustesse. En effet, le coracoïde, bien qu'il soit un os court et robuste, est très faiblement représenté par rapport à l'ensemble des autres os.

Mourer-Chauviré (1975 a, b et c, 1979, 1983 a et b) a étudié le rapport existant entre la proportion des différents os de lagopèdes retrouvés dans des habitats paléolithiques et leur mode d'accumulation. Elle a reconnu trois modes principaux d'accumulation dans une grotte :

- par remplissage naturel[4],

- par la chasse des rapaces,

- par la chasse humaine.

La prédominance d'os des extrémités des ailes et des pattes est la signature d'un grand rapace nocturne comme le grand-duc ou l'harfang. Ce même type de répartition se retrouve dans le matériel récolté dans les aires des grands rapaces actuels. Cela s'explique par le fait que le grand-duc, par exemple, plume les oiseaux et arrache les extrémités de leurs ailes et de leurs pattes avant de les avaler. Les os de ces dernières ont ainsi plus de chance d'être conservés dans le sédiment que les autres qui sont broyés par le rapace et ressortent sous forme d'esquilles non identifiables dans les pelotes de réjection.

Par ailleurs, la répartition des ossements retrouvés est fonction du rapport existant entre la taille du prédateur et celle de sa proie. Lorsque les proies sont de petite taille par rapport à leur prédateur, ce sont les tarsométatarses et les métacarpes qui prédominent. Une fois que la taille de la proie augmente, la répartition change quelque peu et les os les plus abondants sont alors les tarsométatarses, les parties distales des

---

[4] Comme ceux des avens des Abîmes de la Fage (Pléistocène moyen) (Mourer-Chauviré, 1975 b).

tibiotarses et les extrémités supérieures des coracoïdes (Mourer-Chauviré, 1983 a). Les lagopèdes rentrent dans les deux catégories : petite proie pour le grand-duc ou l'harfang, grande proie pour la chouette épervière.

Dans les gisements où les oiseaux ont été chassés par l'homme pour leur chair, les os des segments proximaux de l'aile et de la patte, c'est-à-dire les humérus et les fémurs, prédominent tandis que les tarsométatarses et les métacarpes sont très faiblement représentés[5]. De plus, certains os portent des traces de décarnisation ou de brûlure et sont localisés autour des foyers ou associés aux restes d'industries (Mourer-Chauviré, 1979).

Le remplissage de la couche A6, avec 51% de tarsométatarses et 32% de métacarpes, est dû à l'action de rapaces pour lesquels les lagopèdes représentaient de petites proies.

LA COUCHE C6 : ANALYSE DU DEPOT

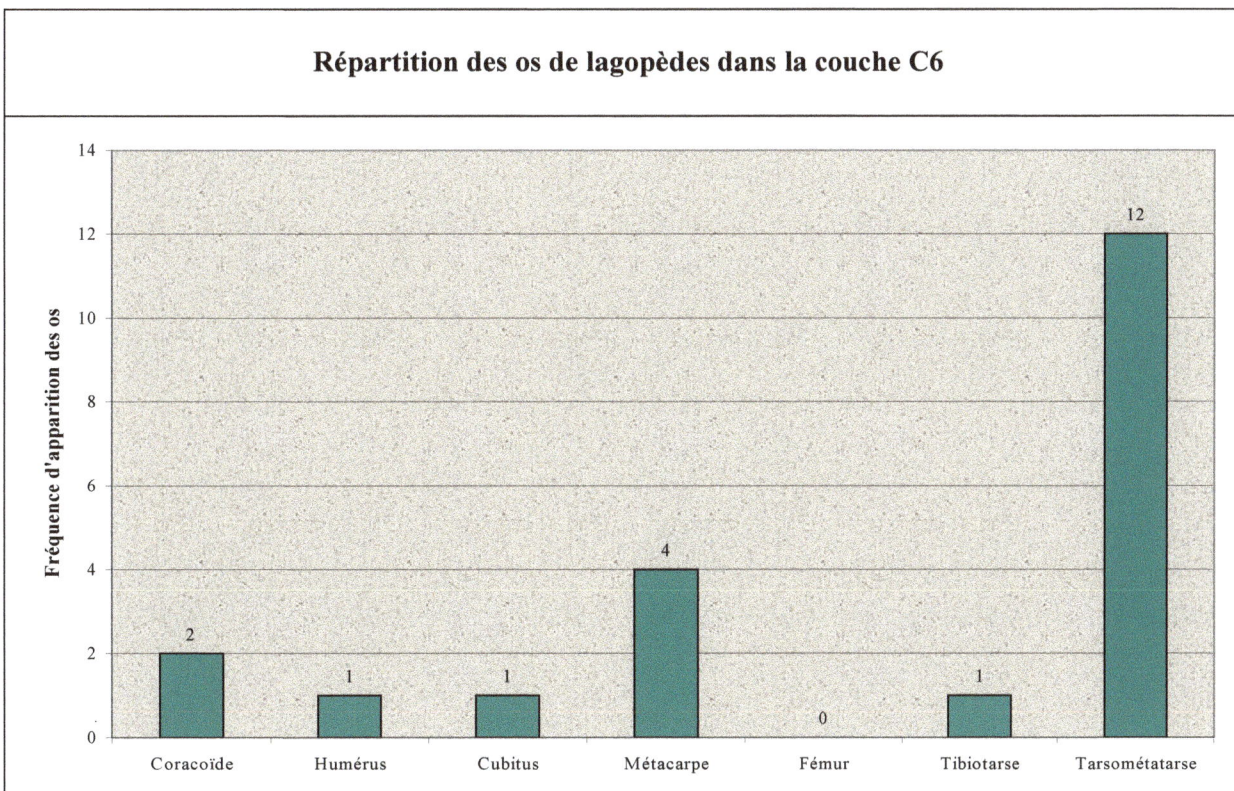

La même étude a été menée, lorsque le nombre de restes le permettait, pour les autres couches de la grotte Walou. Il faut toutefois se garder de toute conclusion hâtive puisque l'on ne possède que très peu de restes. Cependant, la couche C6 qui est la plus riche après la couche A6, semble également correspondre à un remplissage dû à un grand rapace (57% de tarsométatarses et 19% de métacarpes).

RECONSTITUTION DES VARIATIONS PALEOCLIMATIQUES D'APRES LA REPARTITION DES LAGOPEDES DANS LES DIFFERENTES COUCHES

Le *Lagopus lagopus* et le *Lagopus mutus* n'ont pas tout à fait la même aire de répartition géographique. Il semble donc possible de déduire les variations de la tendance climatique à partir du rapport entre les restes de ces deux espèces dans chacune des couches de la grotte de Walou.

---

[5] Au Trou du Sureau, à Montaigle, les proportions des os de lagopèdes sont différentes. Mais, les tarsométatarses et les métacarpes, majoritaires, sont entiers, alors que les humérus, cubitus, fémurs et tibias sont, dans plus de 80% des cas, brisés (Dupont, 1873, p. 188-193). D'après J. Bouchud (1953), le bris de ces ossements résulterait de la plumaison des oiseaux, non pour les consommer, mais pour récolter leurs plumes.

Actuellement, le lagopède des saules possède une vaste distribution dans les régions arctiques et boréales de l'Eurasie et de l'Amérique du nord. La température minimale en juillet de son aire de répartition se situe vers 4°C. Il fréquente les régions situées à la limite des arbres, les vallées arctiques et les toundras côtières où la végétation est relativement haute. Il préfère les endroits humides, comme le bord des étangs, les bosquets bordant les ruisseaux et les toundras humides. Deux sous-espèces vivent aujourd'hui en Europe : le *Lagopus lagopus hibernicus* en Irlande et le *Lagopus lagopus scoticus* en Ecosse, au Pays de Galles, en Angleterre et en Irlande. Le lagopède alpin se retrouve, quant à lui, à des altitudes et des latitudes plus hautes, généralement au-dessus de la limite des arbres, dans les toundras et les landes. La température minimale en juillet de son aire de répartition se situe vers 1 ou 2°C, mais il peut supporter des températures de -40°C en hiver (Voous, 1960). Selon T. Tyrberg (1991), le lagopède alpin est un exemple classique d'une espèce arctique présentant une répartition discontinue dans les régions montagneuses de l'Europe : Alpes, Pyrénées, Highlands d'Ecosse, montagnes de Scandinavie, Islande, îles Spitzberg et nord de l'Oural. Les zones occupées par le lagopède alpin sont relativement plus sèches que celles hébergeant le lagopède des saules et la végétation, clairsemée et rabougrie, y est surtout formée de mousses et de lichens (Voous, 1960).

Les lagopèdes sont les espèces les plus courantes parmi l'avifaune du Pléistocène en Europe, ce qui a permis à Tyrberg (1991) de situer leur paléobiogéographie avec beaucoup plus de précision que pour n'importe quel autre oiseau. Les lagopèdes alpins occupaient communément les régions du centre et du sud de l'Europe durant le Würm. Dans le sud, ils semblent s'être cantonnés aux hautes montagnes et avoir évité les plaines, comme celle de la Russie. Les lagopèdes des saules, par contre, avaient une aire de répartition qui ne s'étendait pas autant vers le sud[6], mais comportait de nombreux sites en Russie et dans les plaines du nord de l'Europe.

Les tableaux suivants recensent la proportion des deux espèces de lagopèdes dans chacune des couches de la grotte Walou. Le premier tableau reprend les tarsométatarses entiers sur lesquels les quatre mesures ont été prises. Le deuxième contient les données pour les tarsométatarses dont la longueur maximale a été mesurée. Enfin, le dernier tableau donne le nombre de restes sur lesquels la largeur proximale a été relevée.

---

[6] Aucun fossile de *Lagopus lagopus* n'a jusqu'à présent été enregistré au-delà des Alpes ou des Pyrénées.

	Nombre de tarsométatarses des deux espèces de lagopèdes sur lesquels les quatre mesures ont pu être prises répartis suivant leur couche d'origine						
Couche	*Lagopus lagopus*			*Lagopus mutus*			**Pourcentage de** *Lagopus mutus*
	Tous	**Gauche**	**Droit**	**Tous**	**Gauche**	**Droit**	
A4	-	-	-	-	-	-	-
A5	1	1	-	-	-	-	-
A6	83	40	43	2	1	1	2,27%
A6/B1	3	2	1	-	-	-	-
B1	5	2	3	-	-	-	-
B4	4	4	-	1	-	1	20%
B5	-	-	-	-	-	-	-
C6	5	3	2	3	1	2	40%
C7	-	-	-	-	-	-	-

	Nombre de tarsométatarses des deux espèces de lagopèdes sur lesquels la longueur maximale a pu être mesurée répartis suivant leur couche d'origine						
Couche	*Lagopus lagopus*			*Lagopus mutus*			**Pourcentage de** *Lagopus mutus*
	Tous	**Gauche**	**Droit**	**Tous**	**Gauche**	**Droit**	
A4	-	-	-	-	-	-	-
A5	1	1		-	-	-	-
A6	102	50	52	2	1	1	1,89%
A6/B1	4	3	1	-	-	-	-
B1	10	3	7	1	-	1	12,5%
B4	4	4	-	1	-	1	20%
B5	-	-	-	-	-	-	-
C6	6	3	3	3	1	2	40%
C7	-	-	-	-	-	-	-

45

Couche	Lagopus lagopus			Lagopus mutus			Pourcentage de Lagopus mutus
	Tous	Gauche	Droit	Tous	Gauche	Droit	
A4	-	-	-	-	-		-
A5	3	1	2	-	-	-	-
A6	236	114	122	5	2	3	2,4%
A6/B1	6	4	2	1	1	-	20%
B1	16	9	7	1	-	1	10%
B4	4	4	-	1	-	1	20%
B5	-	-	-	-	-	-	-
C6	14	9	5	5	2	3	25%
C7	-	-	-	-	-	-	-

Nombre de tarsométatarses des deux espèces de lagopèdes sur lesquels la largeur proximale a pu être mesurée répartis suivant leur couche d'origine

Couches	Pourcentage moyen de Lagopus mutus
A4	-
A5	-
A6	2,19%
A6/B1	6,67%
B1	7,5%
B4	20%
B5	-
C6	35%
C7	-

Malgré les lacunes paléontologiques existant dans certaines couches, une tendance générale se dégage en faveur de l'accroissement du nombre de *Lagopus mutus* par rapport à celui de *Lagopus lagopus* de l'Holocène au Pléistocène.

Mis à part un tibiotarse, la couche A4 (Atlantique) n'a livré aucun reste de lagopèdes. Cette absence quasi totale de données est l'indice d'un optimum climatique et de conditions de vie tempérées, ce qui est confirmé par les travaux sur la microfaune (Turmes, 1996) et la palynologie (Heim, 1993) : l'expansion des forêts dans nos régions s'accompagne d'une rapide disparition des lagopèdes.

Les quelques ossements de *Lagopus lagopus* présents dans la couche A5 (Boréal) appartiennent sans doute aux rares populations (Tyrberg, 1995) isolées au sud durant la phase de réchauffement précédant le développement des forêts denses.

A partir de la couche A6 (9.450 ± 270 BP[7]), le pourcentage de *Lagopus mutus* ne va cesser de croître par rapport à celui de *Lagopus lagopus*. C'est, par ailleurs, cette couche qui contient les données les plus fiables concernant le pourcentage de lagopèdes alpins au Préboréal (2,19% en moyenne). Le lagopède des saules y reste cependant l'espèce aviaire la plus répandue, ce qui témoigne de la présence d'un climat encore froid et d'un environnement ouvert et humide.

Les couches A6/B1 et B1 (9.990 ± 180 BP) ont un pourcentage respectif moyen de 6,67% et 7,5% de *Lagopus mutus*.

Les couches B2 et B3 sont stériles au niveau paléontologique.

La couche B4 (13.030 ± 140 BP et 13.120 ± 190 BP) contient 20% de *Lagopus mutus*, il faut toutefois prendre ce résultat avec précaution puisqu'il se base seulement sur 5 restes. Cependant, cette augmentation de lagopèdes alpins s'accorde bien avec les conditions climatiques de l'époque : c'est la fin du Dryas I, stade, assez froid, durant lequel les lagopèdes se sont répandus jusqu'au nord de l'Espagne.

Le peu de vestiges (un unique tarsométatarse) présent dans la couche B5 (21.230 ± 650 BP et 22.800 ± 400 BP) qui correspond à l'époque précédant tout juste le maximum glaciaire, peut être dû, si l'on s'en réfère à Tyrberg (1995), au fait que les lagopèdes ne semblent pas être très communs pendant les intervalles les plus froids, alors qu'ils sont abondants pendant les interstades au cours desquels les conditions climatiques s'améliorent. Il est, en effet, fort probable que les conditions écologiques définies par des communautés de plantes particulières associées à une amélioration climatique et un paysage sans arbre conviennent particulièrement bien aux lagopèdes. Malheureusement, la lacune de 5.000 ans entre les couches B5 et B4 nous empêche d'avoir des données précises sur la présence ou l'absence de lagopèdes au niveau du maximum glaciaire et du réchauffement qui l'a directement suivi.

Sur l'ensemble de la formation C, seules les couches C6 et C7 ont fourni des ossements de lagopèdes. C'est la couche C6 (29.470 ± 640 BP et 29.800 ± 760 BP) qui montre la proportion la plus grande de *Lagopus mutus* (35% en moyenne) par rapport aux restes de *Lagopus lagopus*. On peut s'étonner de ne pas trouver un pourcentage plus important de lagopèdes alpins en pleine glaciation, mais ce phénomène s'explique par la présence, relevée par J.-M. Cordy (1993) et P. Simonet (1993 a et b), de l'interstade d'Arcy durant lequel des conditions moins pléniglaciaires ont régné dans nos régions. Il faut toutefois rester prudent vu la quantité restreinte d'os étudiés dans la couche C6. La couche C7, quant à elle, ne contenait qu'un tarsométatarse très abîmé et n'a donc permis aucune analyse.

Bibliographie

BOUCHUD, J., 1953. Les Paléolithiques utilisaient-ils des plumes ?, B.S.P.F., t. 50, p. 556-560.

CORDY, J.-M., 1993. L'interstade d'Arcy d'après les micromammifères de la couche aurignacienne de la grotte Walou à Trooz (Province de Liège, Belgique), Mémoire SOWAP, 7, Liège, p. 37-43.

---

[7] Les datations C[14] effectuées sur le matériel de la grotte Walou ont été réalisées par E. Gilot (1993).

DUPONT, M. E., 1873. L'homme pendant les Ages de la Pierre dans les environs de Dinant-sur-Meuse. Les temps préhistoriques en Belgique, Bruxelles, 2ème éd.

GILOT, E., 1993. Liste des datations 14C effectuées sur le matériel de la grotte Walou à Trooz (Province de Liège, Belgique), Mémoire SOWAP, 7, Liège, p. 23.

HEIM, J., 1993. Résultats palynologiques préliminaires de la grotte Walou à Trooz (Province de Liège, Belgique), Mémoire SOWAP, 7, Liège, p. 33-35.

JANOSSY, D.,1976. Plio-Pleistocène bird remains from the Carpathian basin. I. Galliformes. 1. Tetraonidae, Aquila 82, p.13-36.

KRAFT, E.,1972. Vergleichend morphologische untersuchungen an einzelknochen nord- und mitteleuropäischer kleinerer hünervögel, dissertationsdruck, Universität München, 194 p.

MOURER-CHAUVIRE, C., 1975 a. Faunes d'oiseaux du Pléistocène de France : systématique, évolution et adaptation, interprétation paléoclimatique, Geobios, vol. 8, fasc. 5, Faculté des Sciences de Lyon, Département de Géologie, p. 333-352.

MOURER-CHAUVIRE, C., 1975 b. Les oiseaux (aves) du gisement Pléistocène moyen des Abîmes de la Fage à Noailles (Corrèze), Nouv. Arch. Mus. Hist. Nat. Lyon, fasc. 13, p. 89-112, fig. 24-32, pl. 10-12.

MOURER-CHAUVIRE, C., 1975 c. Les oiseaux du Pléistocène moyen et supérieur de France, Documents des Laboratoires de Géologie de la Faculté des Sciences de Lyon, n° 64, 2 fasc., 642 p., 72 fig., 89 tabl., 22 pl.

MOURER-CHAUVIRE, C., 1979. La chasse aux oiseaux pendant la Préhistoire, La Recherche, n° 106, vol. 10, p. 1202-1210.

MOURER-CHAUVIRE, C., 1983 a. Les oiseaux dans les habitats paléolithiques : gibiers des hommes ou proies des rapaces, in C. GRIGSON and J. CLUTTON-BROCK (editors), Animals and Archaeology : 2. Shell Middens, Fishes and Birds, BAR International Series 183, Oxford, p. 111-124.

MOURER-CHAUVIRE, C., 1983 b. Les oiseaux de la couche 5 de la grotte du Coléoptère à Bomal-sur-Ourthe (Belgique), Mémoire SOWAP, 5, Liège, p. 33-37.

SIMONET, P., 1993 a. Aperçu général de la macrofaune de la grotte Walou à Trooz (Province de Liège, Belgique), Mémoire SOWAP, 7, Liège, p. 61-62.

SIMONET, P., 1993 b. La grande faune de la couche aurignacienne de la grotte Walou à Trooz (Province de Liège, Belgique), Mémoire SOWAP, 7, Liège, p. 51-60.

TURMES, M., 1996. Etude des associations de microvertébrés des couches Holocène de la grotte Walou, Mémoire de licence, Université de Liège, 30p.

TYRBERG, T.,1991. Artic, montane and steppe birds as glacial relicts in the West Paleartic, Orn. Verh. 25, p. 29-49.

TYRBERG, T., 1995. Palaeobiogeography of the genus *Lagopus* in the West Paleartic, Courier Forschunginstitut Senckenberg, Frankfurt am Main, 181, p. 275-291, 16 fig.

VOOUS, K. H., 1960. Atlas van de Europese vogels, Elsevier, Amsterdam, 284 p.

ETUDE DE L'ÉVOLUTION DES BIOCÉNOSES DE MICROVERTÉBRÉS DU TARDIGLACIAIRE DE LA GROTTE WALOU
(province de Liège, Belgique)

Christophe KOZIEL (*) et Durgi VANDERCAPPEL (**)

(*) Université de Liège
Service d'Ethologie et de Psychologie animale
Unité de Recherche en Paléontologie des Vertébrés et Evolution Humaine
B-4000 Liège
Belgique

(**) Université Paul Valéry, Montpellier III
UFR III, Unité de Géographie
F-34119 Montpellier
France

Abstract : *The study of Walou Cave micromammals suggests an almost continuous sequence of climate and environmental evolution during the Holocene and the Pleistocene. The couple of Microtus gregalis (vole of heights) / Dicrostenyx gulielmi (Lemming of Norway) is typical of cold and dry climate of Dryas and the couple of M. arvalis/agrestis (vole of fields) / M. oeconomus (north vole) characterizes the interglacial periods (Bølling and Allrød).*

INTRODUCTION

Les micromammifères des couches B4 à B1-A6 de la grotte Walou vont permettre de tenter d'évoquer le climat et l'environnement. Par leur abondance et leur évolution rapide, ainsi que leur étroite adaptation à des biotopes et à des conditions climatiques précises, les Rongeurs constituent un matériel de choix pour l'établissement d'une stratigraphie climatique fine du Quaternaire (Chaline 1972).

Le Tardiglaciaire à Walou est représenté par quatre couches : B4, B3, B2 et B1. L'étude préliminaire de J.-M. CORDY (Cordy 1991) montre que les couches B4, B3 et B2 révèle une nette dominance des espèces de Rongeurs allochtones, notamment le Lemming à collier (*Dicrostenyx gulielmi*), caractéristique d'un climat polaire. Entre B2 et B1, il existe une lacune sédimentaire qui ne permet pas de mettre en évidence l'interstade de l'Allerød. Cette déficience est confirmée par l'absence de Rongeurs tempérés sylvicoles et la présence des espèces allochtones dans la base du B1.

La proportion des Rongeurs allochtones reste importante dans la couche A6 (Préboréal), mais le Lemming à collier disparaît et les Rongeurs tempérés sylvicoles apparaissent. M. TURMES confirme cette observation lors de son étude des couches A6 (Préboréal) - A2 (Boréal) : une diminution rapide des espèces allochtones, remplacées par des espèces autochtones (Turmès 1996).

RECONSTITUTION PALEOECOLOGIQUE ET CHRONOSTRATIGRAPHIQUE

La microfaune Holocène de la grotte Walou est publiée par M. TURMES, qui a étudié les couches A2 (Subboréal), A3-4 (Atlantique), A5 (Boréal), A6 (Préboréal).

L'évolution de la microfaune à l'Holocène semble être marquée par une disparition assez rapide des espèces de Rongeurs allochtones froids, remplacée par des associations de Rongeurs de climat tempéré, dont les espèces sylvicoles, ce qui indique une tendance, établie depuis les couches A4-5 (Atlantique - Boréal), de la prédominance de milieux boisés par rapport aux paysages ouverts.

La couche A6 (Préboréal) révèle que les Rongeurs allochtones, dont le campagnol nordique, sont majoritaires, bien que l'apparition discrète des Rongeurs tempérés sylvicoles est marquante. Le Hamster (*Cricetus cricetus*), le Lemming des montagnes (*Lemmus lemmus*) et le Lièvre siffleurs (*Ochotona pusilla*), présents dans cette couche, sont caractéristiques du Préboréal. Durant cette époque, le climat demeure froid et les espaces ouverts dominent (Turmès 1996).

Notre étude de la microfaune du Pléistocène, et plus spécifiquement du Tardiglaciaire (couche B1, B2, B3 et B4 de la grotte Walou) révèle de façon globale une certaine dominance des espèces allochtones, vivant dans un paysage relativement ouvert et sous un climat plus froid qu'à l'Holocène.

La variation des proportions des différents Rongeurs identifiés permet de retracer une séquence chronostratigraphique partant du Dryas I (base du B4), passant par le Bølling (sommet de B4), le Dryas II (B3 ; B2 inf.), l'Allerød (B2 sup.) jusqu'au Dryas III (B1).

La couche A6-B1 (Préboréal – Dryas III)

La formation A6-B1 est caractérisée par une presque égalité des espèces autochtones et allochtones. La dominance nette du groupe *Microtus arvalis/agrestis* (Campagnol des champs/agreste) indique la prépondérance des biotopes ouverts de type prairie, confirmés par la présence des espèces steppiques (le grand Hamster, le Campagnol des hauteurs, le Lièvre siffleur). La présence de quelques Lemmings des toundras indique la persistance de zones à l'aspect toundroïde, probablement associées aux zones steppiques des plateaux. La faible présence des espèces sylvicoles (Campagnol roussâtre) est un signe de la rareté des zones boisées et abritées de la vallée. Le fond de la vallée de la Magne devait présenter des prairies humides et des portions marécageuses abritant des Campagnols terrestres, des Musaraignes aquatiques (*Neomys fodiens*), la Taupe, ainsi que le Campagnol nordique. Ce dernier indique que le climat devait être froid et humide, conforté par la présence d'autres espèces allochtones (Campagnol des hauteurs, Lièvre siffleur, Lemming des toundras), mais légèrement tempéré, comme l'indique la faible présence des Insectivores et du Campagnol roussâtre.

La couche B1 (Dryas III)

La couche B1 (Dryas III) montre une légère dominance des espèces allochtones (Campagnol nordique), signe d'un climat plus humide et plus froid que la couche précédente, renforcée par l'apparition du Lemming à collier. On retrouve ici le même genre de paysage qu'en A6-B1 : milieu ouvert de type prairie, steppe, quelques rares zones toundroïdes sur les plateaux et au fond de la vallée, devaient exister quelques îlots forestiers.

L'ensemble de ces observations, et surtout la ressemblance avec A6-B1, tend à nous faire supposer une continuité entre les couches A6-inf. et B1. Cependant, un indice nous montre que ce n'est pas le cas : il s'agit de l'échantillon WA 666. En effet, S.N. COLLCUTT (Collcutt 1993) constate la présence en B1 de nids de pierres et de petites inclusions anguleuses de calcaires, indices de climats très froids, glaciaires, mais sans permafrost (absence de perturbations profondes). Cette hypothèse peut maintenant être corrigée grâce à la connaissance des biocénoses de micromammifères, clairement interstadiaires. Les traces d'un froid intense seraient alors attribuables à un remaniement postérieur au dépôt de cette couche. D'autres arguments en faveur d'une certaine douceur climatique se trouvent dans les autres classes de vertébrés présents : les Batraciens et les Reptiles (*A. fragilis*).

Si on accepte cette hypothèse, l'échantillon WA 666 pourrait être une lentille de microfaune subsistant du Dryas III. Malheureusement, la petite taille de cet échantillon, et surtout le petit nombre de M_1 de *Microtus* sp. déterminées (7 M_1 + 73 molaires) ne nous permet pas de trancher clairement sur l'appartenance ou non de cet échantillon au Dryas III, malgré le fait que le comptage des dents du Lemming à collier s'effectue sur l'ensemble des molaires nous permet de supposer son importance et la période de son dépôt (si elle diffère de celle des autres échantillons de B1) comme une période relativement froide.

L'absence de renseignements clairs et précis sur les objets datés et la présence de traces associées à un climat très froid, ainsi que le caractère interstadiaire de la microfaune nous font attribuer cette couche à un épisode froid d'un petit interstade précédent le Préboréal. Cette hypothèse est étayée par la ressemblance avec la microfaune représentée dans la troisième biozone définie par J.M. CORDY et M. TOUSSAINT (Cordy &

Toussaint 1993) au sein de l'Allerød du Trou Jadot. Cette biozone, humide, est caractérisée, comme à Walou, par la dominance, parmi les espèces polaires, du Lemming des toundras sur le Lemming à collier. On constate cependant une légère différence entre les proportions d'espèces autochtones et allochtones entre les deux sites qui peut être attribuée à un léger décalage dans l'époque de dépôt des sédiments entre les deux sites, mais également à une différence de biotope. La microfaune présente dans une couche est un reflet de celle trouvée dans un voisinage plus au moins grand suivant son origine (rapace ou non). Dans ce dernier cas, la présence d'un microclimat froid dans la région de Walou expliquerait le caractère plus froid de sa biocénose.

La couche B2 (Allerød – Dryas II)

La couche B2 révèle 2 sous-couches distinctes du point de vue climatique.

La sous-couche supérieure (Allerød)

La sous-couche supérieure recèle une part très importante des espèces sylvicoles au sein de ses dépôts, qui atteignent plus d'un quart des espèces de Rongeurs (28%). Ces espèces indiquent clairement le développement des zones boisées (*Apodemus* sp., *Clethrionomys* sp., *Muscardinus avellanarius*), la régression des zones de type prairies (*Microtus arvalis/agrestis*, Campagnol des champs/agreste), ainsi qu'une légère persistance des milieux steppiques, comme l'atteste la présence du Hamster et du Lièvre siffleur. La microfaune de cette sous-couche montre un aspect interstadiaire, bien que le Lemming à collier soit bien représenté. La vallée abrite le Campagnol terrestre sur les berges de la Magne et probablement la Taupe dans des prairies humides, mais moins marécageuses, comme l'atteste la diminution du Campagnol nordique. La faible importance de ce dernier par rapport au Campagnol des hauteurs souligne une diminution de l'humidité du climat.

Les comparaisons avec des biocénoses datées de l'Allerød et du Dryas II d'autres sites belges (Trou Jadot, Trou de l'Ossuaire et grotte du Bois Laiterie) tendraient à nous faire positionner cette sous-couche dans l'Allerød.

La sous-couche inférieure (Dryas II)

La sous-couche inférieure, plus froide et sèche, correspond à des conditions typiquement stadiaires. Cependant, ces conditions ne doivent pas encore être maximales, comme l'indiquent les parts relativement importantes des Insectivores et des espèces sylvicoles. La dominance de *Microtus gregalis*, la part importante de *Dicrostonyx gulielmi* (dominant *Lemmus lemmus*), la faible présence de *Microtus oeconomus* et l'absence *d'Ochotona pusilla*, concourent à nous faire attribuer cette partie de B2 au Dryas II. Sa position chronostratigraphique après l'Allerød, ne fait que renforcer cette opinion.

La couche B3 (Dryas II)

La grande importance des espèces allochtones indique clairement qu'on se trouve dans une situation de période froide et plus précisément d'un Dryas. Le climat de cette époque est froid et sec, comme l'atteste l'importante présence du Campagnol des hauteurs et l'absence du Campagnol nordique. Ces deux espèces habitent la toundra et les steppes froides. Les zones boisées sont rares et se confinent dans quelques lieux abrités de la vallée. La position stratigraphique et le cortège microfaunique semblent s'accorder pour situer cette couche au Dryas II, ce qui est confirmé par l'interprétation de S.N. COLLCUTT (Collcutt 1993), selon laquelle les apports de calcaire dans B3 seraient dus à des cryoclasties locales dans un environnement froid, faiblement humide.

La couche B4 (Bølling – Dryas I)

La sous-couche supérieure (Bølling)

L'échantillon WA 705 qui permet de considérer l'existence d'une sous-couche magdalénienne provient d'un secteur sur la terrasse de la grotte. Il se trouve dans la partie supérieure de la couche B4. Les traces de cette occupation sont attestées par les restes de microfaunes calcinées témoignant de l'existence d'un foyer.

51

L'environnement de la région à cette époque est nettement dominé par des prairies (importance de *Microtus arvalis/agrestis* 44,6 %), accompagnées de steppes (grand Hamster et Lièvre siffleur). Quelques reliques de type toundroïde subsistent (Lemmings). La vallée abriterait une population de Campagnol terrestre, ainsi que des Musaraignes (carrelet/couronné et pygmée) et des Taupes dans les prairies humides. Quelques îlots boisés, protégeant *Clethrionomys* sp. et *Apodemus* sp., devaient aussi exister.

Le climat de cette période devait être froid, vu l'importance des espèces allochtones dominant les Insectivores, mais pas suffisamment froid pour permettre l'existence d'un permafrost, comme l'indique la présence de la Taupe. De plus, l'importante présence de *Microtus oeconomus*, dominant *Microtus gregalis*, indique une période relativement humide. Ces observations indiqueraient que la partie supérieure de B4 appartiendrait à la seconde des trois parties du Bølling, caractérisé par un climat humide, entouré par deux phases plus sèches.

La sous-couche inférieure (Dryas I)

Cette sous-couche est constituée par un ensemble relativement homogène : le Lemming à collier est associé au Campagnol des hauteurs. Les moindres présences sont marquées par le Campagnol nordique, le Campagnol terrestre, des espèces steppiques, des espèces sylvicoles, ainsi que le Lemming des toundras. Ces espèces démontrent un climat froid, tel que celui du Dryas I. L'environnement se compose essentiellement de toundras (Lemming à collier, Campagnol des hauteurs). Ce dernier dénote un milieu sec. On constate également l'absence des Insectivores et des espèces sylvicoles qui implique celle de zones boisées.

Synthèse : le Tardiglaciaire de la grotte Walou par les micromammifères

Le Tardiglaciaire dans la région de la grotte Walou est marqué par des variations importantes dû au rapport entre les pourcentages des espèces autochtones et allochtones. Ces variations sont principalement dues aux variations des deux couples. Il s'agit du couple *Microtus gregalis* (Campagnol des hauteurs) / *Dicrostenyx gulielmi* (Lemming de Norvège), typique des climats froids et secs des Dryas, et du couple *M. arvalis/agrestis* (Campagnol des champs/agreste) / *M. oeconomus* (Campagnol nordique), caractéristique des périodes interstadiaires (Bølling et Allerød).

Au début de la séquence du Dryas I, certaines espèces indiquent un réchauffement (apparition des Insectivores et arrêt de l'augmentation du pourcentage des *D. gulielmi*), alors que d'autres indiquent en même temps un refroidissement. Ces variations divergentes sont probablement dues à un mélange. Cependant, elles évoquent également un léger réchauffement chronologique pré-Bølling. La sous-couche B4A est clairement froide, avec un pic important des espèces froides (*D. gulielmi* et *M. gregalis*) indiquant la rigueur du climat.

La période suivante, l'interstade de Bølling, n'apparaît que dans un seul échantillon de la terrasse située devant la grotte. Elle est caractérisée par la dominance des espèces autochtones (*M. arvalis/agrestis* / *M. oeconomus*) sur les espèces allochtones. Cet interstade voit également l'apparition des espèces steppiques et sylvicoles qui marquent le début de la recolonisation de l'environnement de la région par des zones boisées. Une remarque sur les variations des espèces sylvicoles s'impose. On constate que *Apodemus* sp. (Mulot gris, sylvestre, à collier etc.) est toujours plus rare que *Clethrionomys* sp. (Campagnol roussâtre, de Sundvall, boréal etc.) lors des périodes froides, ce qui indique sa préférence pour les climats légèrement plus chauds.

Le Dryas II montre une nouvelle augmentation des pourcentages d'espèces froides, mais dans une moindre mesure que ceux du Dryas I, ce qui indique des conditions climatiques moins rudes.

Le passage à l'Allerød est marqué par une nouvelle réduction de *D. gulielmi* et *M. gregalis*. Cette diminution est contrebalancée par une augmentation des espèces autochtones, les *M. arvalis/agrestis* / *M. oeconomus*. Ces dernières deviennent dominantes et vont dorénavant le rester, même durant le stade Dryas III (qui semble nettement moins froid que les deux précédents). Cette augmentation constante et régulière se poursuit en B1 et en A6. Un autre élément important du début de l'Allerød est l'apparition de *Muscardinus avellanarius* (Muscardin) au niveau de la sous-couche B2 sup., correspondant avec le pic de présence des espèces caractéristiques d'un climat tempéré à biotopes boisés. Cette apparition et ce pic indiquent le développement le plus chaud du Tardiglaciaire, ce qui est confirmé par la présence la plus importante des

Insectivores pour cette période. Ces observations montrent donc bien que l'Allerød est le réchauffement le plus important du Tardiglaciaire.

Après le dernier refroidissement du stade Dryas III qui montre une faible réaugmentation des *D. gulielmi* et *M. gregalis*, la température augmente pour atteindre le Préboréal, marqué au niveau de la couche A6-B1 par l'absence de *D. gulielmi* au niveau de nos échantillon.

Conclusion

L'étude des biocénoses de micromammifères de la grotte de Walou permet de proposer une séquence presque continue montrant l'évolution du climat et de l'environnement dans la région entre environ 13.000 BP et 9.900 BP. De plus, l'étude met en évidence des dépôts d'une période occultée lors de l'étude préliminaire (Cordy 1991). Cette période, l'Allerød, ne semble représentée que dans les sédiments de la terrasse devant la grotte Walou. Cette découverte montre la difficulté de retracer l'évolution d'une région, suite aux lacunes sédimentaires, et la nécessité d'une étude exhaustive d'un site afin de ne laisser échapper aucune information. L'extrapolation au niveau d'un pays ou d'un continent montre bien la nécessité de connaître le plus de sites possibles à des fins de corrélations.

Bibliographie

CHALINE J., 1972 : Le rôle des rongeurs dans l'élaboration d'une biostratigraphie climatique fine du Quaternaire, *Mém. B.R.G.M.*, 7, Paris, p. 375-379.

COLLCUTT S.N., 1993 : Physical sedimentology of the deposits of the grotte Walou, *in Recherches à la grotte Walou à Trooz (province de Liège, Belgique). Premier rapport de fouilles*, Mémoire de la société wallonne de Palethnologie, 7, Liège, p. 11-22.

CORDY J.M., 1991 : Résultats préliminaires de l'analyse des micromammifères de la grotte Walou (Trooz), *Notae Praehistoricae*, 10, p. 15-19.

CORDY J.M. & TOUSSAINT M., 1993 : Bio- et chronostratigraphie des dépôts du Trou Jadot à partir des micromammifères, *in* TOUSSAINT M., *Le trou Jadot à Comblaint-au-Pont (Province de Liège, Belgique). Paléoécologie et Archéologie d'un site du Paléolithique supérieure récent*, *E.R.AU.L.*, 58, p. 39-53.

TURMES M, 1996 : Etude des associations de microvertébrés des couches holocènes de la grotte Walou. *Bull. Chercheurs de Wallonie*, 36, p. 119-140.

	A6-B1		B1 sup.	WA 1	WA 6	WA 671	WA 718	WA 727	WA 783	WA 787	WA 875
	WA 670	WA 1169	WA 666								
Clethrionomys sp.	3,36	0,00	6,25	6,45	0,00	0,00	7,55	7,14	3,62	4,35	0,00
Apodemus sp.	0,00	0,00	6,25	6,45	0,00	0,00	0,00	0,00	2,17	4,35	0,00
Muscardinus avellanarius	0,00	0,00	0,00	0,00	0,00	0,00	0,00	0,00	0,00	0,00	0,00
Microtus arvalis/agrestis	43,37	0,00	43,75	25,54	33,33	30,77	27,33	32,14	33,72	40,58	20,00
Arvicola terrestris	1,68	25,00	6,25	9,68	16,67	7,69	5,66	14,29	4,35	0,00	20,00
Cricetus cricetus	0,84	25,00	6,25	0,00	16,67	0,00	3,77	0,00	1,45	4,35	0,00
Ochotona pusilla	3,36	25,00	6,25	3,23	16,67	15,38	7,55	0,00	4,35	8,70	20,00
Microtus oeconomus/malei	29,91	25,00	0,00	25,54	0,00	23,08	29,60	32,14	36,13	28,99	40,00
Microtus gregalis	14,96	0,00	0,00	10,22	0,00	15,38	9,11	0,00	12,04	0,00	0,00
Dicrostonyx gulielmi	0,00	0,00	12,50	3,23	0,00	0,00	0,00	7,14	0,72	0,00	0,00
Lemmus lemmus	2,52	0,00	12,50	9,68	16,67	7,69	9,43	7,14	1,45	8,70	0,00

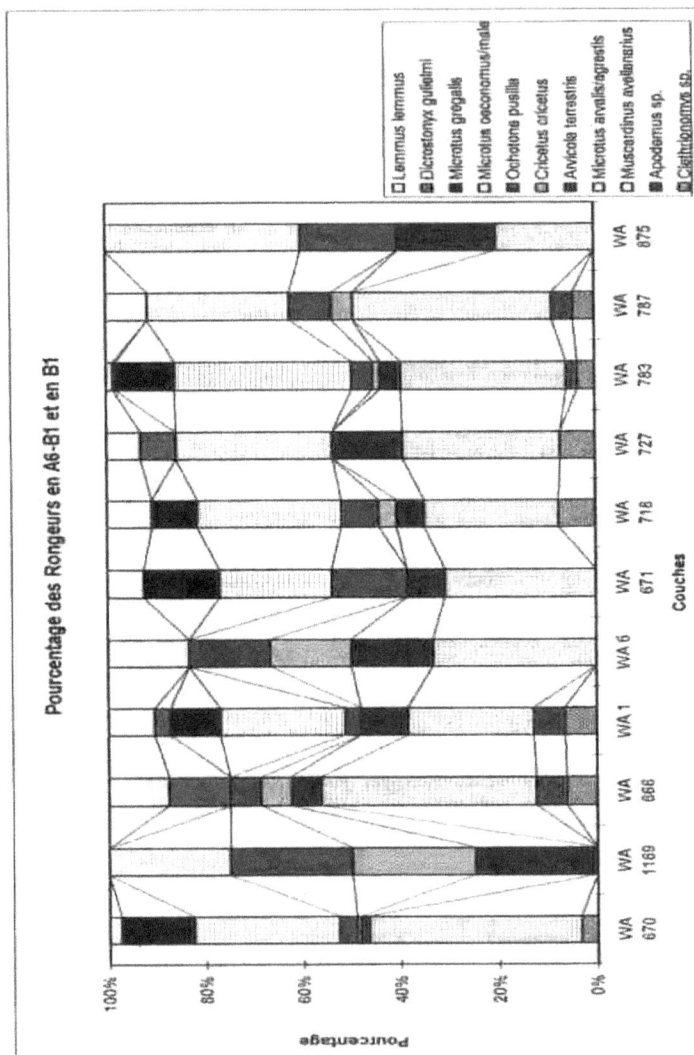

Figure 1 : Pourcentage des différentes espèces de rongeurs (A6-B1 ; B1), calculé sur le N.I.M. et tableau des valeurs correspondantes.

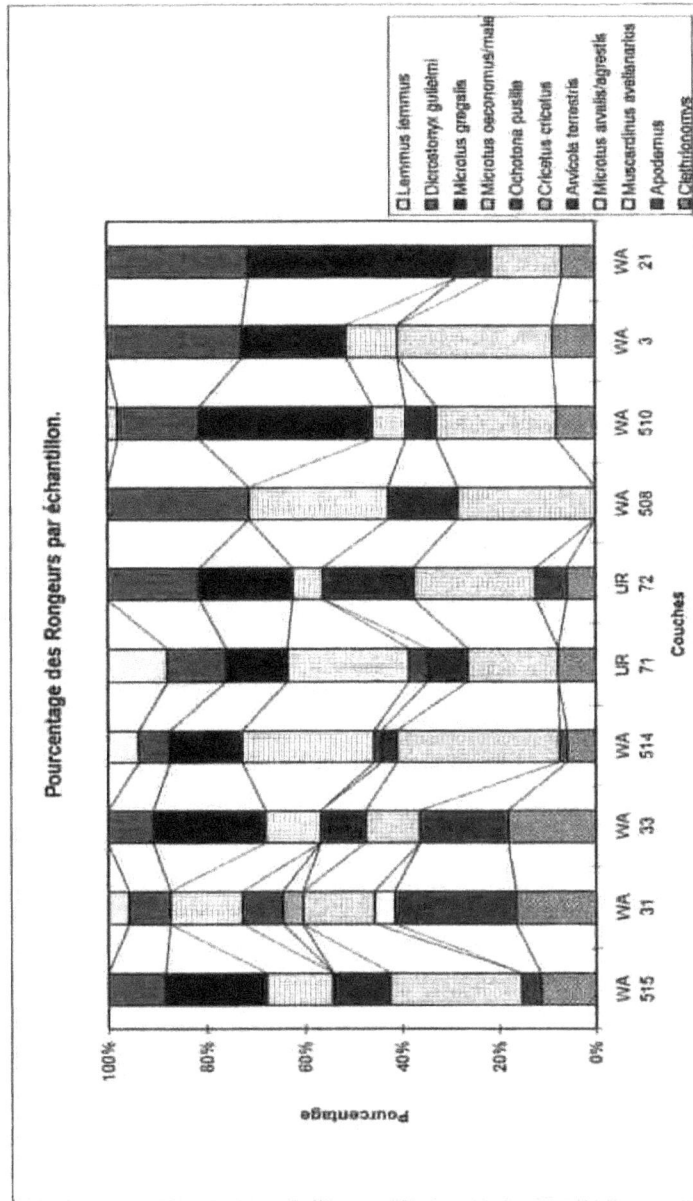

	B2 sup.			B2						B3
	WA 515	WA 31	WA 33	WA 514	UR 71	UR 72	WA 508	WA 510	WA 3	WA 21
Clethrionomys	11,54	16,67	18,18	6,25	8,00	6,25	0,00	8,33	9,09	7,14285714
Apodemus	3,85	25,00	18,18	1,56	0,00	6,25	0,00	0,00	0,00	0,00
Muscardinus avellanarius	0,00	4,17	0,00	0,00	0,00	0,00	0,00	0,00	0,00	14,2857143
Microtus arvalis/agrestis	27,35	14,58	11,36	33,33	18,67	25,00	28,57	24,58	31,82	7,14285714
Arvicola terrestris	11,54	0,00	9,09	3,13	8,00	18,75	14,29	6,25	0,00	0,00
Cricetus cricetus	0,00	4,17	0,00	0,00	0,00	0,00	0,00	0,00	0,00	0,00
Ochotona pusilla	0,00	8,33	0,00	1,56	4,00	0,00	0,00	0,00	0,00	0,00
Microtus oeconomus/malei	13,68	14,58	11,36	27,08	24,89	6,25	28,57	7,02	10,61	42,8571429
Microtus gregalis	20,51	0,00	22,73	14,58	12,44	18,75	18,75	35,09	21,21	28,5714286
Dicrostonyx gulielmi	11,54	8,33	9,09	6,25	12,00	18,75	28,57	16,67	27,27	0,00
Lemmus lemmus	0,00	4,17	0,00	6,25	12,00	0,00	0,00	2,08	0,00	0,00

Figure 2 : pourcentage des différentes espèces de rongeurs (B2 ; B3), calculé sur le N.I.M. et tableau des valeurs correspondantes.

	B4 magd.	B4 CMFI						B4 sup.		B4 milieu	B4 inf.
	WA 705	WA 25	WA 27	WA 23	WA 18	WA 8	WA 5	WA 34	WA 35	WA 37	WA 36
Clethronomys sp.	1,41	9,09	4,00	0,00	0,00	0,00	0,00	0,00	0,00	0,00	0,00
Apodemus sp.	1,41	9,09	0,00	0,00	0,00	0,00	0,00	0,00	0,00	0,00	0,00
Muscardinus avellanarius	0,00	0,00	0,00	0,00	0,00	0,00	0,00	0,00	0,00	0,00	0,00
Microtus arvalis/agrestis	44,60	9,09	4,00	16,10	20,00	17,65	25,78	12,50	53,48	25,00	8,89
Arvicola terrestris	5,63	9,09	0,00	1,96	0,00	6,25	6,25	12,50	2,94	0,00	6,67
Cricetus cricetus	2,82	0,00	0,00	0,00	0,00	0,00	0,00	0,00	0,00	0,00	0,00
Ochotone pusilla	1,41	9,09	5,78	0,00	0,00	0,00	0,00	0,00	0,00	8,33	8,89
Microtus oeconomus/malei	26,76	0,00	46,22	4,02	2,86	0,00	42,97	37,50	20,05	50,00	35,56
Microtus gregalis	8,92	18,18	40,00	56,35	54,29	57,35	25,00	37,50	23,53	16,67	33,33
Dicrostonyx gulielmi	4,23	36,36	0,00	21,57	22,86	18,75	0,00	0,00	0,00	0,00	6,67
Lemmus lemmus	2,82	0,00	0,00	0,00	0,00	0,00	0,00	0,00	0,00	0,00	0,00

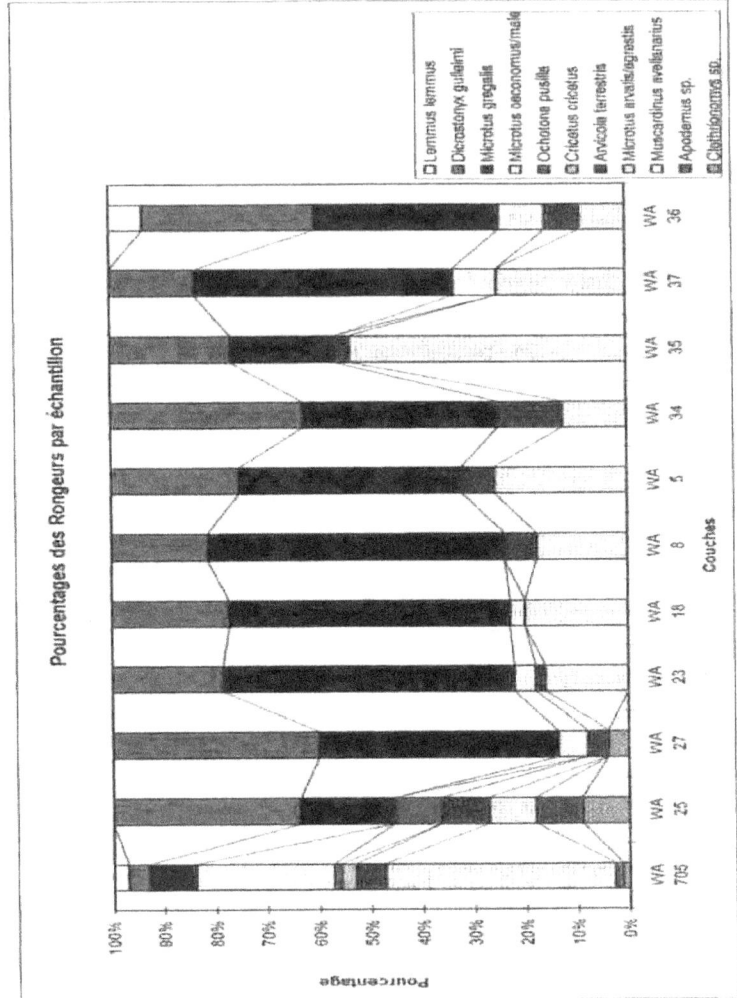

Figure 3 : Pourcentage des différentes espèces de rongeurs (sous-couches B4), calculé sur le N.I.M. et tableau des valeurs correspondantes.

ICHTYOFAUNES ET PÊCHES
A LA GROTTE WALOU

Olivier LE GALL

Laboratoire PACEA, IPGQ
Université Bordeaux 1, CNRS, MCC
F- 33405 Talence
France

Résumé : *L'étude des assemblages ichtyofauniques des niveaux de la grotte Walou montre que ces vestiges osseux ont différentes origines : une animale (poissons gigognes) et une humaine. Les poissons de Walou (Lota lota, Thymallus thymallus, Salmo trutta) sont caractéristiques des ichtyofaunes du nord de l'Europe. La grande surprise est l'existence à Walou d'Epipaléolithiques et surtout de Magdaléniens non pêcheurs. Les témoignages d'une tradition halieutique sont néolithiques et aurignaciens. Que ce soit dans une culture ou dans l'autre, les pêches ont été pratiquées pendant la belle saison. L'intérêt principal de Walou, du moins pour ce qui concerne les icthyofaunes, est de nous interroger sur les techniques d'acquisition chez les Aurignaciens.*

Abstract : *The ichtyological study of Walou Cave shows different origins of bones : one animal ("poissons gigognes") and one human. Fishes of this cave belong to typically northern cortege (Lota lota, Thymallus thymallus, Salmo trutta). The great surprise in this site is the non existence of fishermen during the Epipaleolithical and Magdalean Periods. The evidences of halieutical tradition are Neolithic and Aurignacian. In both cultures, the fishing is practised during the nice season. The most interest of Walou about ichtyofauna is the interrogation on technique of acquisition by Aurignacian people.*

LE SITE DANS SON CONTEXTE HYDROGRAPHIQUE

A quelques dix kilomètres au sud-est de Liège, la Grotte Walou s'ouvre dans des calcaires Viséens et domine de quarante mètres la rive de la Magne. Ce petit cours d'eau est un affluent de la rive droite de la Vesdre en amont de Trooz. La Vesdre se jette dans la Meuse, une dizaine de kilomètres en aval de cette confluence.

A l'heure actuelle, si la Meuse dans le territoire belge, est à classer dans la « zone à Barbeau », ses affluents de la partie sud de la Belgique ont, pour la plupart, conservé leurs qualités et sont à classer dans les eaux à Salmonidés (« zone à Ombre » et « zone à Truite ») (Maitland, 1977). La Vesdre, située en pays de Herve, pourrait être attribuée à la « zone à Ombre » de Huet (Huet, 1954).

COMPOSITION DE L'ICHTYOFAUNE DE WALOU

Les niveaux post-glaciaires

La fosse Néolithique (couche A3-ex CSMF- carré L 16)

Elle recelait 90 vertèbres de poissons se répartissant de la manière suivante :

- 22 d'Ombre (*Thymallus thymallus*),
- 15 de Truite (*Salmo trutta*),
- 40 de Salmonidés (genres *Salmo* et *Thymallus*),
- 13 de Lote de rivière (*Lota lota*).

Celles-ci étaient accompagnées d'environ 800 débris divers dont une grosse majorité d'écailles d'Ombre.

Les Ombres ont été pris pendant la bonne saison et majoritairement pendant le plein développement de cette dernière. Ainsi j'ai pu déterminer 3 DB, 7 B et 1 FB. La répartition des individus par classes de tailles de 5 cm en 5 cm a été transcrite sur le graphique 1, courbe 1.

Les Truites ont fourni 4 indications saisonnières. Toutes indiquent le plein développement de la bonne saison, 4B. La répartition des individus par classes de tailles est portée sur le graphique 1, courbe 2.

Graphique 1

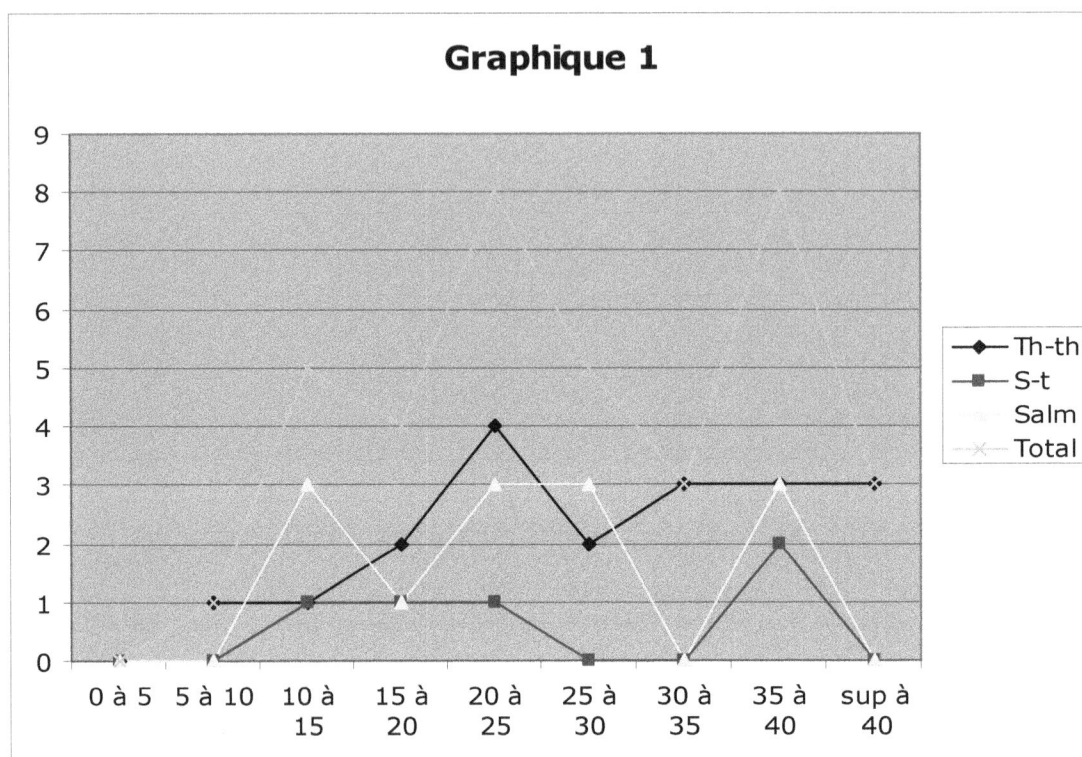

Les Salmonidés regroupent les vertèbres attribuables aux genres *Salmo* ou *Thymallus* qui n'ont pu être déterminées plus précisément. Elles proviennent de poissons capturés durant la bonne saison au sens large ; 3 DB, 8 B et 1 FB. La répartition des individus par classes de tailles est portée sur le graphique 1, courbe 3.

Les Lotes de rivière ont fourni 5 indications de saisons se regroupant au cours de la belle saison au sens large de la manière suivante 1 DB, 4 B et 1 FB. La taille des individus de cette espèce n'a pu être déterminée pour cause de collection de comparaison insuffisante.

L'ensemble des données saisonnières a été reporté sur le graphique 2.

La couche ex-CSMF dans le carré L17 (mélange A3 et A4 ?)

Elle fut divisée à la fouille en trois parties.

La partie supérieure recelait 11 vertèbres de poissons se répartissant de la manière suivante :

-    1 d'Ombre (*Thymallus thymallus*),

-    1 de Salmonidé (genres *Salmo* et *Thymallus*),

-    1 de Lote de rivière,

-    8 de Chabot.

Celles-ci étaient accompagnées d'environ 45 débris divers dont une grosse majorité d'écailles d'Ombre.

Graphique 2

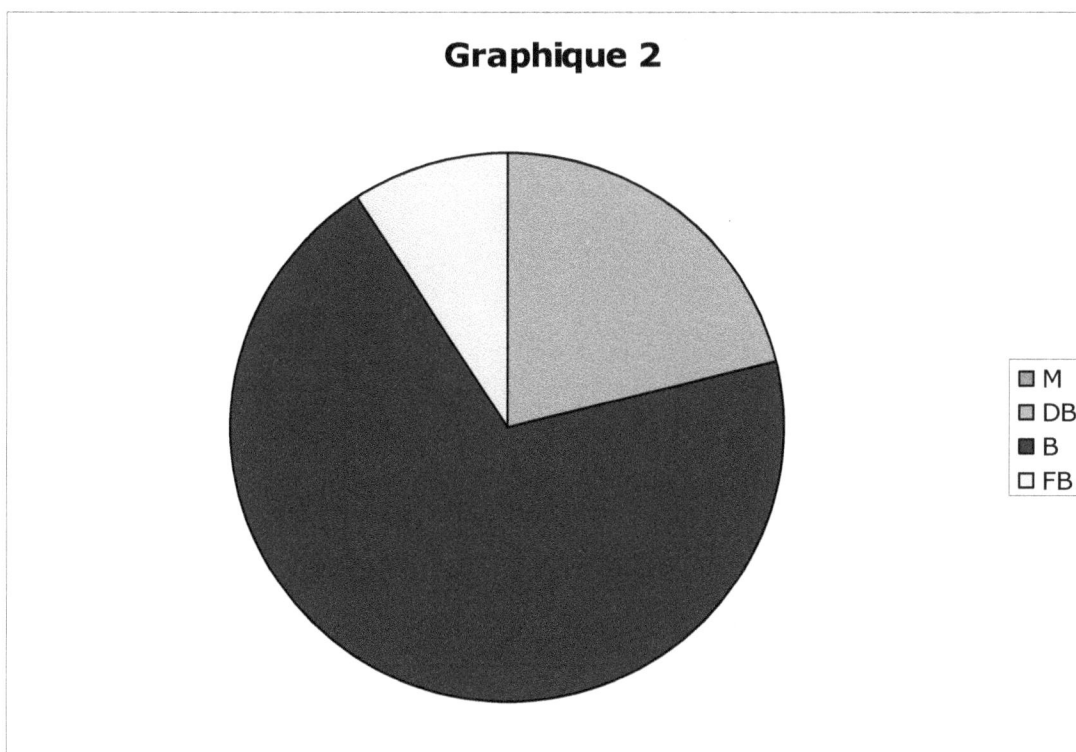

L'Ombre a été pris pendant le plein développement de la bonne saison (1 B). La taille de ce poisson était de 20 cm.

Le Salmonidé et la Lote n'ont fourni aucun renseignement supplémentaire.

Les Lotes de rivière (2 ou 3 individus) étaient de petits exemplaires.

Les parties médiane et inférieure ont été regroupées au vu de leurs grandes ressemblances ichtyologiques.

Elles contenaient 33 vertèbres se répartissant comme suit :

- 5 d'Ombres,

- 4 de Truites,

- 15 de Salmonidés,

- 1 de Lote de rivière.

Celles-ci étaient accompagnées d'environ 80 écailles d'Ombres et de débris divers.

Les Ombres ont été pris pendant le plein développement de la bonne saison. Ainsi j'ai pu déterminer 3 B. La répartition des individus par classes de tailles de 5 cm en 5 cm a été transcrite sur le graphique 3, courbe 1.

Les Truites ont fourni 3 indications de plein développement de la bonne saison, 3 B. La répartition des individus par classes de tailles est portée sur le graphique 3, courbe 2.

Les Salmonidés regroupent les vertèbres attribuables aux genres *Salmo* ou *Thymallus* non déterminées plus précisément. Elles proviennent de poissons capturés durant la bonne saison au sens large : 1 DB, 3 B et 1 FB. La répartition des individus par classes de tailles est portée sur le graphique 3, courbe 3.

Les Lotes de rivière ont fourni 1 indication de saison 1 B. La taille de l'individu de cette espèce n'a pu être déterminée.

L'ensemble des données saisonnières a été reporté sur le graphique 4.

Graphique 3

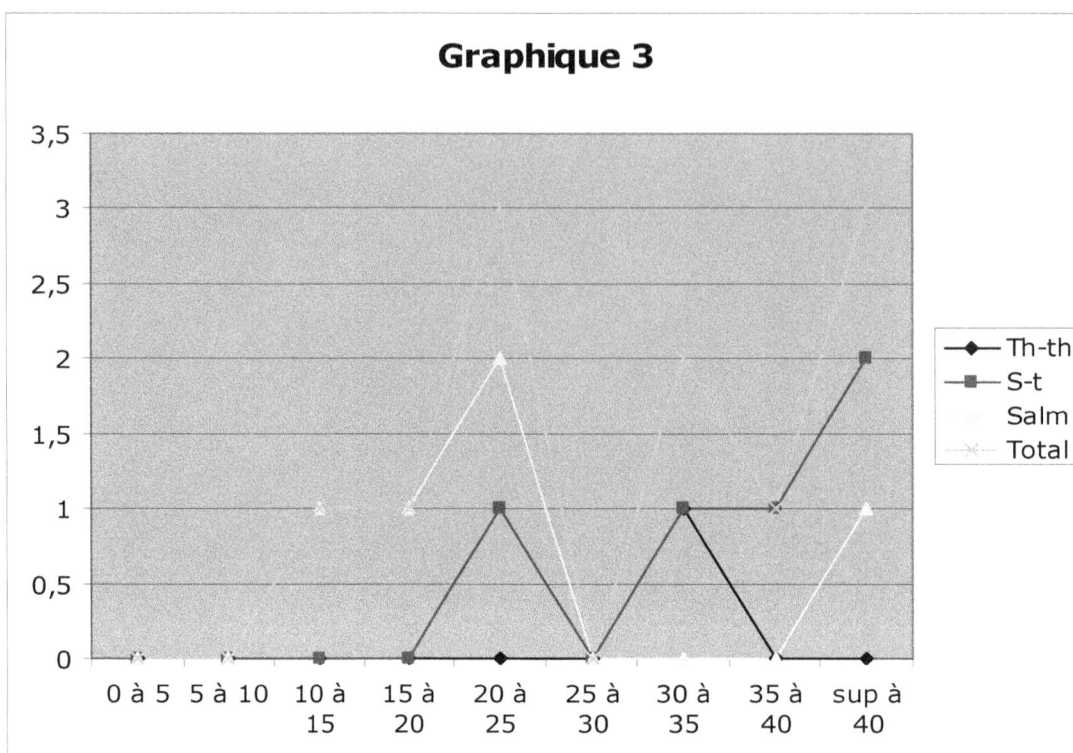

Graphique 4

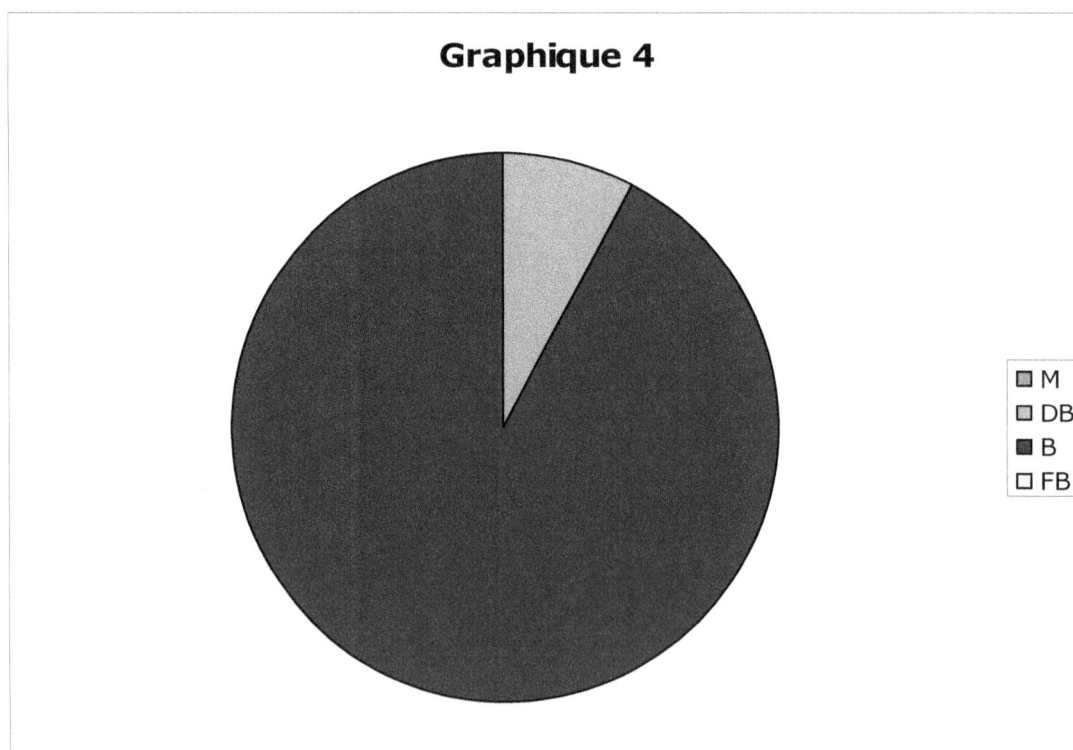

Couche ex-CSMF carré L17 (sans autre indication, mélange A3-A4 ?)

Elle contenait :

- 2 vertèbres d'Ombres, une d'un exemplaire de 10 à 15 cm, l'autre d'un individu de 30 à 35 cm pris en BS,

- 1 vertèbre d'une Truite de 35 à 40 cm,

- 1 corps vertébral d'un Salmonidé de 15 à 20 cm,

- 1 élément vertébral d'une Lote de forte taille prise à la belle saison (1 B).

Le carré L17 présente des difficultés d'interprétation dans les documents provenant de ce qui avait été appelé « couche CSMF ». Il serait, pour partie, attribuable à la couche A3 (fosse néolithique) et pour l'autre part constitué par la couche A4 (encaissant contenant du Mésolithique). Compte tenu des données disponibles, je verrai assez bien ce qui est indiqué L17 CSMF - parties médiane et inférieure dans la fosse néolithique, avec activités de pêche humaines, et la partie supérieure dans (ou provenant d'un remaniement) le Mésolithique, celui-ci ne contenant que de la microfaune (en particulier les Chabots). Cette opinion semblerait être confortée par les observations sur la couche A4 ex N/S (Mésolithique).

Couche ex-CSMF, carré L15 (sans autre indication, mélange A3-A4 ?)

Elle recelait 68 vertèbres de poissons se répartissant de la manière suivante :

- 27 d'Ombre (*Thymallus thymallus*),

- 7 de Truite (*Salmo trutta*),

- 10 de Salmonidés (genres *Salmo* et *Thymallus*),

- 14 de Lote de rivière (*Lota lota*).

Celles-ci étaient accompagnées d'environ 150 débris divers dont une grosse majorité d'écailles d'Ombre (+ de 100).

Les Ombres ont été pris pendant la bonne saison et majoritairement pendant le plein développement de cette dernière. Ainsi j'ai pu déterminer 10 B et 1 FB. La répartition des individus par classes de tailles de 5 cm en 5 cm a été transcrite sur le graphique 5, courbe 1.

Les Truites ont fourni 3 indications saisonnières. Elles indiquent la bonne saison dans son ensemble 1 DB, 1 B, 1 FB. La répartition des individus par classes de tailles est portée sur le graphique 5, courbe 2.

Les Salmonidés n'ont pas fourni de donnée saisonnière.

Les Lotes de rivière ont fourni 5 indications de saisons toutes concernent le plein développement de la bonne saison, 5 B. La taille des individus n'est pas déterminée.

L'ensemble des données saisonnières a été reporté sur le graphique 6.

Le Mésolithique (couche A4-ex NS- carrés M16, M17, M15)

Elle recelait 4 vertèbres de poissons se répartissant de la manière suivante :

- 3 de Salmonidés (genres *Salmo* et *Thymallus*),

- 1 d'un poisson qui pourrait être un Chabot (*Cottus gobio*).

Celles-ci étaient accompagnées de 8 débris divers dont 3 d'écailles d'Ombre.

Les Salmonidés regroupent les vertèbres attribuables aux genres *Salmo* ou *Thymallus* qui n'ont pu être déterminées plus précisément. Elles proviennent de poissons sans indication saisonnière. L'un d'eux était un petit individu de 10 à 15 cm.

Le Chabot était un poisson de 5 à 10 cm, ce qui est normal pour l'espèce.

Graphique 5

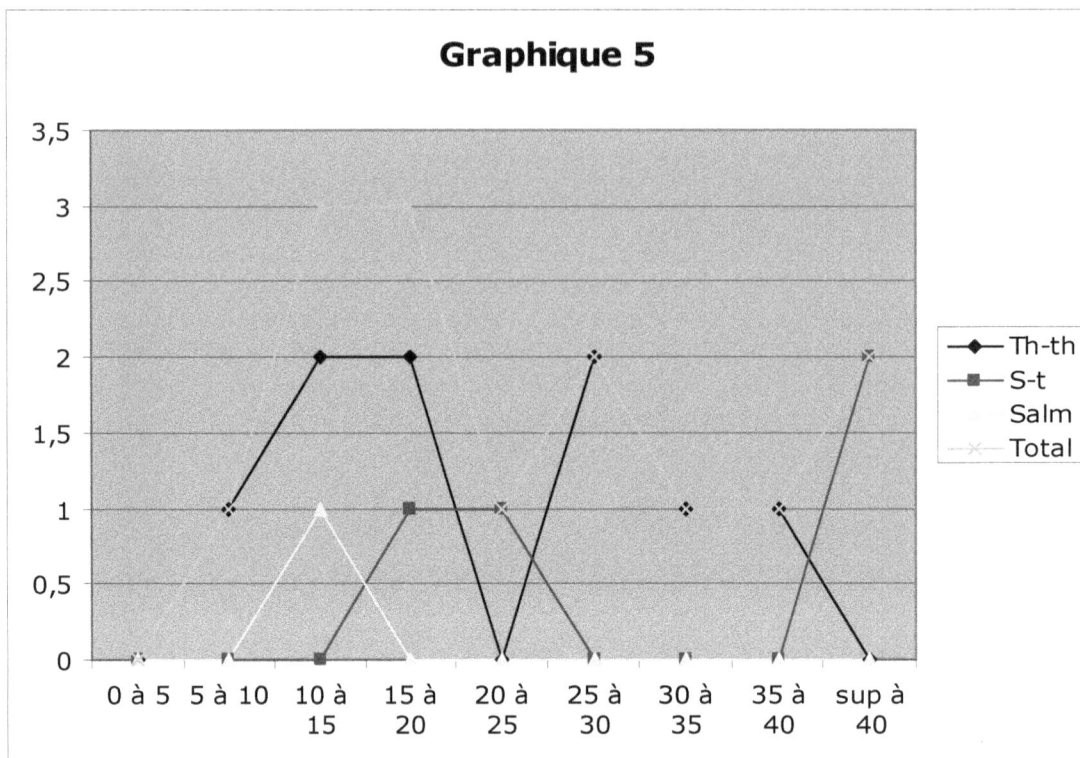

Graphique 6

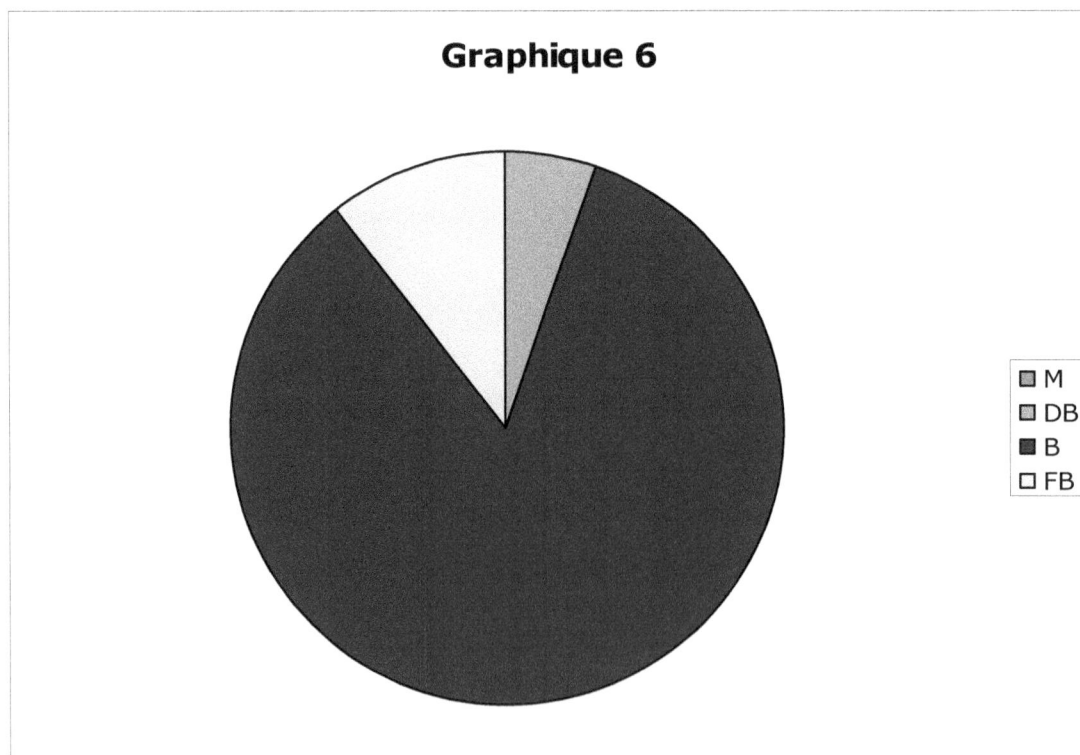

Le niveau A6 est daté (LV 1583 : 9450 +/- 270 BP) et attribué au Préboréal. Il était riche en microfaune et ne contenait pourtant pas de reste d'ichtyofaune.

Les niveaux glaciaires

Le **niveau B1** sous-jacent contenait les témoignages d'une occupation par les Creswello-Tjongériens. D'un point de vue climatique, ce niveau daté de 9 990 ± 180 BP (LV 1556) serait contemporain du Dryas III (Cordy, 1991). Il ne recelait aucun reste de poisson.

Il en est de même pour les **niveaux B2 et B3** qui lui font suite. Attribués au Dryas II (Cordy *op. cit.*), ils ne recelaient aucune trace d'occupation humaine et aucun os de poisson.

Les **niveaux B4 et B5**, contenant respectivement des industries magdalénienne et gravettienne, représentent une séquence climatique allant, d'après J. M. Cordy, du Bölling à l'interstade de Tursac. Une série de datations a donné les résultats suivants : pour B4, 13 030 ± 140 BP (LV 1582) et 13 120 ± 190 BP (LV 1593) ; pour B5, 22 800 ± 400 BP (LV 1651), 24 500 ± 580 BP (LV 1837) et 28 860 ± 450 BP (LV 1838). Ces deux niveaux étaient très pauvres en ichtyofaune (un fragment de vertèbre indéterminable ainsi que huit écailles ou fragments divers).

Le **niveau C4** était stérile.

Les **niveaux C5** (C5A, C5) étaient un peu plus riches. C5 notamment, niveau perturbé ayant livré un mélange d'industries gravettiennes et aurignaciennes, recelait onze restes. Deux d'Ombre, un de Truite, un de Salmoniné, un de Cottidé et six écailles. Deux déterminations de saisonnalités ont été faites, l'une indique un début de bonne saison, l'autre la fin de cette période. Une datation pour le niveau C5A donne un âge de 30 460 ± 700 BP (LV 1557).

Du point de vue des tailles, peu de documents ont permis d'aborder cet aspect du problème :

- un Ombre de plus de 40 cm pris en DB,
- une Truite de 35-40 cm prise en FB.

Les **niveaux C6** (C6A, C6B, C6C et C6D) contenaient une industrie aurignacienne. Deux datations ont été obtenues pour C6C : 29 800 ± 760 BP (LV 1587) et 29 470 ± 640 BP (LV 1592). Ces niveaux, attribués d'après les micromammifères à l'interstade d'Arcy (Cordy, 1993), ont fourni cent cinquante-deux restes de poissons. La répartition stratigraphique précise de ces ossements ainsi que leur nature sont reportées dans un tableau (Tab. n°I).

	C6A	C6B	C6C	C6 ind.	Total C6
Thymallus thymallus	4	6	7	9	26
Lota lota	2	1	4	1	8
Salmo trutta	1		3		4
Salmoninés	11	9	16	8	44
Ecailles et divers	2	25	23	14	64

Tableau 1 : Walou, ichtyofaune des niveaux C6.

Les indications de taille sont peu nombreuses.

- pour C6A, une indication pour un Ombre de 10-15 cm et un Salmoniné (Ombre ou Truite) de 15-20 cm pris en DB,
- pour C6B, un Ombre de plus de 40 cm pris en DB, deux de 20-25 cm, un capturé en pleine bonne saison (1 B), l'autre en FB. Deux Ombres de 25-30 cm et un Salmoniné de 10-15 cm,

- en C6C, un Ombre de 10-15 cm, deux de 15-20 et un de plus de 40 cm pris en pleine bonne saison. Une Truite de 35-40 cm (B) et un petit Salmoniné de 10-15 cm,

- pour C6, un Ombre de 0-5 cm, un de 10-15 cm, un de 15-20 cm (B), trois de 20-25 cm (1 DB, 1 B) et un de 35 cm (DB). S'y ajoute un Salmoniné de 10-15 cm.

L'ensemble des données concernant les tailles des poissons a été reporté sur le graphique 7.

Pour l'ensemble des niveaux de la couche 6 quinze déterminations de saisonnalités ont été faites : six se rapportent au début de la bonne saison, six à la bonne saison et trois à la fin de cette dernière (graphique 8).

Les **niveaux inférieurs** de la grotte Walou ne semblent pas contenir de vestige de poisson.

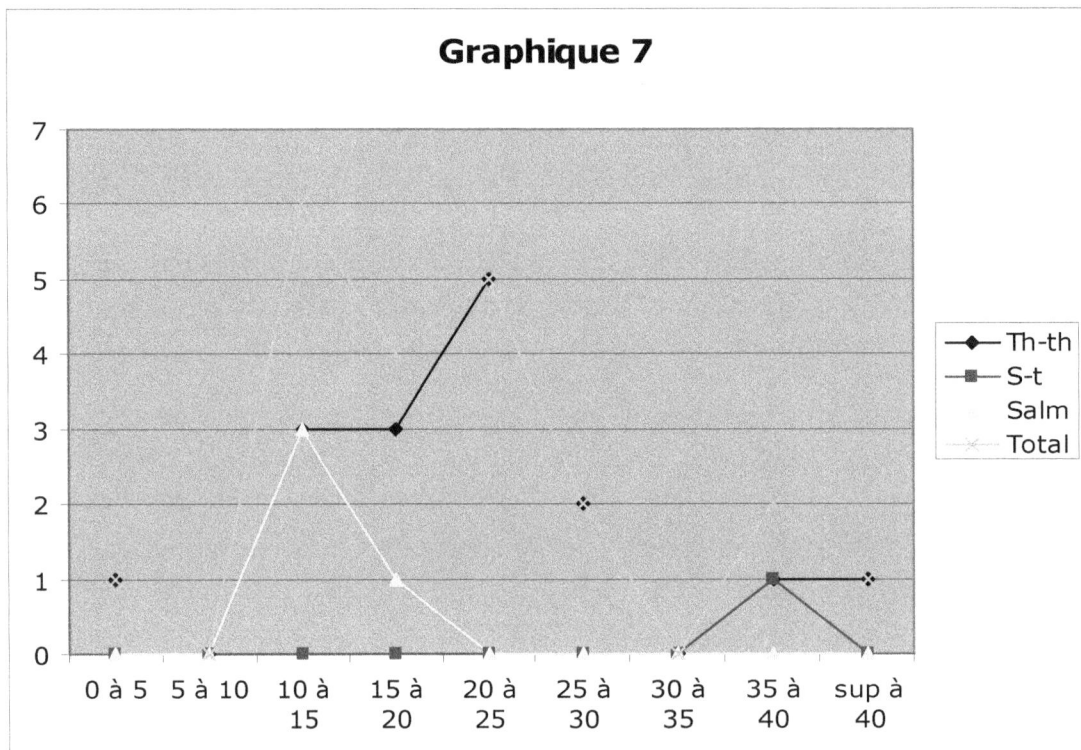

Graphique 7

Graphique 8

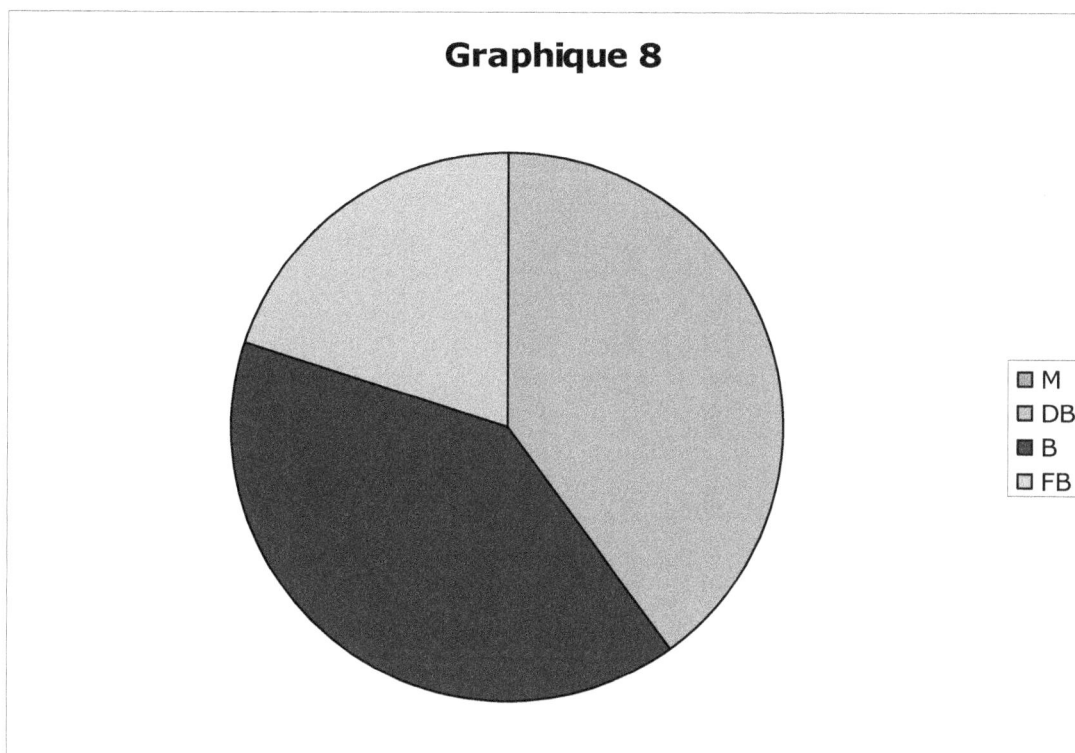

CONCLUSIONS

La composition spécifique de l'ichtyofaune de Walou

La présence de la Lote l'attribue à la « zone circumpolaire de l'hémisphère nord » (Bruslé, Quignard, 2001). Constituée d'Ombre, de Truite, de Lote de rivière et de Chabot, elle est caractéristique des « zone à Truite » et « zone à Ombre » de Huet (Huet, 1954). Aux époques concernées, les eaux de la Magne (et de la Vesdre) étaient froides, oxygénées et moyennement brassées.

Curieusement dans un tel contexte, le Saumon atlantique est absent alors qu'il remontait les eaux de la Meuse jusqu'à des époques historiques. Une des explications possibles à son absence serait qu'il ne remontait pas la Magne. Une autre, plus probable, consiste à dire que lors des saisons pendant lesquelles les hommes pêchaient à Walou (Bonne Saison *sensu lato* pour les Néolithiques et les Aurignaciens) ils n'étaient pas ou peu présents à proximité du site. Ceci pourrait expliquer que les Magdaléniens de la couche B4, par ailleurs très intéressés par ce poisson (Le Gall, 1999 et 2003), n'aient pas pêché.

Origine des poissons de la grotte Walou

Dans les niveaux non anthropiques, lorsqu'il y a des vestiges, ceux-ci sont rares et proviennent de petits poissons ou sont constitués de débris divers.

Leurs petites dimensions autorisent à présumer que leur présence est due à des mélanges (infiltrations…).

Pour les niveaux anthropiques, les courbes de taille montrent des « pics » de longueur. Si nous considérons ceux de l'Aurignacien (C6),

- un premier regroupe des poissons de 10-15 cm. Ils sont à l'évidence trop petits pour avoirs intéressés les Hommes. L'apport animal ne semble, dans leur cas, faire aucun doute. Parallèlement, si l'on examine la composition de l'avifaune (Groessens-Van Dyck, 1993) on ne voit pas très clairement qui en est le responsable,

- toujours dans C6, deux autres « pics » sont visibles l'un constitué d'individus de 20-25 cm, l'autre correspondant à des poissons de 35-40 cm qui ont pu faire l'objet de pêches. Le fait qu'il existe deux catégories indique (peut-être) deux techniques d'appropriation différentes. Outre l'Ombre, on y trouve la Truite et la Lote de rivière, ces poissons sont des supers prédateurs de nos eaux douces et consomment tous les petits poissons (juvéniles, Chabots) qui passent à leur portée. Peut-être ne faut-il pas chercher plus loin l'origine des individus de 10-15 cm.

Nous aurions donc affaire à deux types d'ichtyofaunes. L'une composée de grands poissons volontairement capturés par les Préhistoriques, l'autre, involontairement ramenée au site par les pêcheurs, ayant servi de proies et se trouvant à l'intérieur des premiers. C'est la théorie des « poissons - gigognes » que j'avais développée dans un passage de ma thèse (Le Gall, 1999).

Les activités de pêche à Walou

Les niveaux holocènes et post-glaciaires

La présence d'assez nombreux restes de poissons dans la fosse néolithique prouve que contrairement à ce que l'on observe plus au sud, les Néolithiques de Walou pratiquaient la pêche en eau douce. On retrouve bien sûr des « poissons - gigognes », mais il est clair que les pêches portaient sur des poissons de 25-30 cm et de 35-40 cm voire plus (Truites essentiellement).

Curieusement, les Mésolithiques et les Epipaléolithiques (Cresvello-Tongériens) ne se sont absolument pas intéressés aux poissons de la Magne.

Les niveaux glaciaires

Il en est de même pour les Magdaléniens (magdalénien à Ruckenspitzen vers 13000 ans BP). Cela constitue un fait marquant et…étonnant.

Les Gravettiens de la couche B5 n'ont pas eu plus d'activités halieutiques.

En fait pendant les temps glaciaires, seuls les Aurignaciens de la couche 6 (*sensu lato*) se sont intéressés à l'ichtyofaune.

Les Aurignaciens de la Grotte Walou ont pêché de L'Ombre et de la Truite de tailles convenables (pics à 20-25 cm et à 35-40 cm) ainsi que de la Lote. Ces captures ont eu lieu pendant la belle saison et préférentiellement pendant la première moitié de celle-ci. Ces données seraient alors en accord avec les observations que P. Simonnet a pu faire sur les chasses du Cerf au printemps et aux femelles de Renne au début de l'été par les Aurignaciens des niveaux C6 de la grotte Walou (Simonnet *in* Dewez, 1993). Ces activités halieutiques de la part d'Aurignaciens sont à rapprocher de celles que W. Torke signale des activités de pêche sur les mêmes espèces dans des niveaux aurignaciens à Geissenklösterle, en Allemagne (Jura Souabe) aux environs de 30 500 - 34 000 BP.

Techniques de pêche envisageables

Pour les Néolithiques, le problème ne se pose pas trop : ils possédaient un riche panel de techniques de captures. En effet, des engins tels les nasses existaient depuis longtemps (Le Gall, 1999 et Le Gall *et alii*, 2006).

Pour l'Aurignacien des couches C6, c'est une question délicate à aborder, nous disposons de relativement peu d'indices. Un premier aspect de la question peut être (en partie) résolu par la nature même des poissons qui ont été identifiés : la Lote de rivière (*Lota lota*) et le Chabot (*Cottus gobio*) font preuve d'activités crépusculaires et nocturnes. La Truite, plus opportuniste, recherche sa nourriture tant de jour qu'aux heures crépusculaires et de nuit (avec une forte préférence pour ces deux dernières périodes).

Les deux espèces volontairement capturées étant la Lote et la Truite (*Salmo trutta*), il est quasiment certain qu'elles proviennent de pêches crépusculaires et nocturnes.

En outre, Lotes et Truites sont des super-prédateurs, lesquels peuvent être tentés par de petits poissons morts.

En fonction de ces données, il est tout à fait envisageable que ces poissons aient pu être pris à l'aide de lignes dormantes (dites aussi « lignes de fond ») armées d'hameçons droits dits aussi bipointes (en matière animale ou végétale). De tels objets (en matière animale) sont régulièrement signalés dans le Paléolithique supérieur européen et ce, dés l'Aurignacien (le Gall, 1999). Pour l'avoir personnellement testé je peux affirmer que ce type de lignes aux hameçons eschés de petits poissons est redoutablement efficace.

Problème résolu donc, mais seulement en partie : il existe un autre poisson qui se laisse régulièrement prendre à ce stratagème, l'Anguille. Ors, elle est absente de l'ichtyofaune de Walou alors qu'elle était sûrement présente dans la Magne.

Une autre question concerne plus particulièrement les captures de l'Ombre (*Thymallus thymallus*). Ce poisson, bien représenté à Walou, est une espèce rhéophile aux mœurs très différentes des poissons précédents : il se nourrit principalement de jour, de petites proies dérivant au fil du courant qu'il gobe en surface où de petites proies qu'il recherche au fond. De plus sa petite et fragile bouche est en position infère. Il serait donc très étonnant qu'il ait pu être capturé par les engins destinés à la Lote et à la Truite. C'est une question supplémentaire que nous pose le site de Walou à travers ses ichtyofaunes.

Bibliographie

BRUSLE J., QUIGNARD J-P., 2001 : *Biologie des poissons d'eau douce européens.* Collection Aquaculture-Pisciculture, dirigée par J. Arrignon. Tec et Doc Ed. Paris, Londres, New-York. 625 p., nbses ill.

COLLCUTT S.N., 1993 : Physical sedimentology of the deposits of the Grotte Walou (Province de Liège, Belgium). In : Dewez *et alii*, Recherches à la Grotte Walou à Trooz (Province de Liège, Belgique). Premier rapport de fouille. *Société Wallonne de Palethnologie*, Mémoire n°7, pp 11-22.

CORDY J.M., 1991 : Résultats préliminaires de l'analyse des micromammiféres de la Grotte Walou (Trooz). *Notae Praehistoricae*, 10, pp 15-19.

CORDY J.M., 1993 : L'interstade d'Arcy d'après les micromammiféres de la couche aurignacienne de la Grotte Walou a Trooz (Province de Liège, Belgique). In : Dewez *et alii*, Recherches à la Grotte Walou à Trooz (Province de Liège, Belgique). Premier rapport de fouille. *Société Wallonne de Palethnologie*, Mémoire n°7, pp 37-43.

DEWEZ M., 1993 : L'Aurignacien de la couche 6 de la Grotte Walou à Trooz (Province de Liège, Belgique). In : Dewez *et alii*, Recherches à la Grotte Walou à Trooz (Province de Liège, Belgique). Premier rapport de fouille. *Société Wallonne de Palethnologie*, Mémoire n°7, pp. 5-9.

GILOT E., 1993 : Liste des datations 14C effectuées sur du matériel de la Grotte Walou a Trooz (Province de liège Belgique). In : Dewez *et alii*, Recherches à la Grotte Walou à Trooz (Province de Liège, Belgique). Premier rapport de fouille. *Société Wallonne de Palethnologie*, Mémoire n°7, p. 23.

GROESSENS-VAN DICK M-Cl., 1993 : L'avifaune et l'herpetofaune de la couche C6 de la grotte Walou à Trooz (province de Liège, Belgique). In : Dewez *et alii*, Recherches à la Grotte Walou à Trooz (Province de Liège, Belgique). Premier rapport de fouille. *Société Wallonne de Palethnologie*, Mémoire n°7, p. 45.

HUET M., 1954 : Biologie, profils en long et en travers des eaux courantes. *Bull. Franc. Piscicult.* n°175, pp 41-53.

LE GALL O., 1999 : *Ichtyophagie et pêches préhistoriques. Quelques données de l'Europe occidentale.* Thèse présentée à l'Université Bordeaux I pour obtenir le grade de Docteur d'Etat ès Sciences. 473 p., 86 pl., 35 tab., 39 fig.

LE GALL O., 2003 : Des Magdaléniens et… des poissons. BAR S1144. Acts of the XIVth UISPP Congress, University of Liège, Belgium, 2-8 September 2001. Colloque / Symposia 6.4. *Mode de Vie au Magdalénien : Apports de l'Archéozoologie. Zooarchaeological insights into Magdalenian Lifeways.* Edité par Sandrine Costamagno, Véronique Laroulandie, pp 119-128, 1 tab., 3 fig.

LE GALL O., LENOIR M., BELBOEC'H G., 2006 : Le galet gravé de la Honteyre (Tuzan, Gironde). Préhistoire du Sud-Ouest, 12, 2, pp.175-188.

MAITLAND P.S., 1977 : *Les poissons des lacs et des rivières d'Europe en couleur.* Elsevier Séquoia, Paris-Bruxelles. 255 p., nbses ill. coul.

TORKE W., 1978 : Fischreste als quellen der Ökologie und Ökonomie in der steinzeit südwest-Deutschlands.*Urgeschichtliche Materialhefte,*4, 228 p., nbses. ill.

ANALYSE DES COQUILLES DE MOLLUSQUES
TROUVÉS DANS LA STRATIGRAPHIE
DE LA GROTTE WALOU
(Province de Liège, Belgique)

Robert PEUCHOT (*), Anne FRANCIS (**)

(*) Unité de recherches archéozoologiques et de paléoenvironnement
Musée de zoologie A. Lameere cp 160/13
Université Libre de Bruxelles
Avenue Fr. Roosevelt, 50
1050 Bruxelles

(**) Laboratoire de Préhistoire SAPIENS
Université Catholique de Louvain
Département d'Archéologie, Collège Erasme
1380 Louvain-la-Neuve
Belgique

Abstract : *The Walou cave study of malacology shows the tight relation between climate and environment. An association of molluscs indicates a warming of the weather during the interglacial period. The Discus ruderatus shows the arrival of the Coniferous forest during the Boreal. The forest is dominated by broad-leaved trees during the Atlantic. The molluscs join with relatively wet forest during the Neolithic.*

INTRODUCTION

En 1988-89, Monsieur M. Dewez nous avait remis pour identification quelques mollusques récoltés dans différents dépôts de la grotte Walou. A l'époque, nous avions fourni une notice préliminaire concernant le paléoenvironnement dans laquelle nous mettions l'accent sur la présence d'associations d'espèces typiques d'un milieu steppique et froid. A la lumière de données nouvelles, nous avons pu affiner nos observations et en retirer des informations plus précises.

TABLEAUX ET GRAPHIQUES

La première série de tableaux (I-VI) donne les identifications complètes des espèces contenues dans les différentes couches, ainsi que le nombre d'individus et de fragments récoltés. Dans certains cas, la présence de fragments de coquille identifiables nous a permis de prendre l'espèce en considération pour le calcul des pourcentages.

Dans l'élaboration du tableau (VII) concernant le classement des espèces par affinités écologiques et, par extension, dans celle du tableau (VIII) du pourcentage de celles-ci, nous n'avons, en général, pas tenu compte des identifications qui n'ont pu aller au-delà de la famille ou du genre, lorsque les espèces qui y sont répertoriées couvrent des groupes écologiques différents. Par contre, nous y avons fait figurer certaines familles ou genres dont les espèces peuvent être classées au sein d'un même groupe écologique.

Tableau I : Couche A2 (actuel)

ESPECES	NBR. IND.	FRGTS	%
Abida secale	1		1,23
Discus rotundatus	29		35,80
Zonitidae		2	0,00

Oxychilus sp.	1		1,23
Oxychilus draparnaldi ?	1		1,23
Oxychilus cellarius	2		2,47
Clausilia spp.	5	2	6,17
Clausilia parvula	7	1	8,64
Clausilia plicatula	3		3,70
Clausilia lineolata ?	2		2,47
Clausilia lineolata	1		1,23
Cochlodina laminata	3		3,70
Zenobiella incarnata	3		3,70
Helicodonta obvoluta	6	2	7,41
Helicigona lapicida	14	1	17,28
Cepaea sp.		1	0,00
Cepaea hortensis	2		2,47
Cepaea nemoralis	1		1,23
Total	81	9	100,00

Tableau II : Couche A3 (Néolithique - Age du Bronze)

ESPECES	NBR. IND.	FRGTS	%
Vertiginidae	1		0,20
Sphyradium doliolum	1		0,20
Chondrina avenacea	7		1,42
Clausilia spp.	39		7,93
Clausilia parvula	42		8,54
Clausilia bidentata	9		1,83
Clausilia dubia	21		4,27
Clausilia plicatula	5		1,02
Clausilia rolphii	4		0,81
Cochlodina laminata	7		1,42
Discus ruderatus	1		0,20
Discus rotundatus	225	1	45,73
Zonitidae	13		2,64
Aegopinella nitidula	9		1,83
Aegopinella pura	2		0,41
Nesovitrea hammonis	1		0,20
Oxychilus cellarius	3		0,61
Oxychilus allarius ?	3		0,61
Limacidae	3		0,61
Zenobiella incarnata		2	0,00
Helicodonta obvoluta	21		4,27
Helicigona lapicida	74	3	15,04
Cepaea sp.		2	0,00
Cepaea nemoralis	1		0,20
Total	492	8	100,00

Tableau III : Couche A4 (Mésolithique tardif, Atlantique)

ESPECES	NBR. IND.	FRGTS	%
Clausilia parvula	6		10,34
Clausilia bidentata	4		6,90
Clausilia plicatula	1		1,72
Clausilia lineolata	1		1,72
Cochlodina laminata	1		1,72
Discus ruderatus	1		1,72
Discus rotundatus	23		39,66
Aegopinella pura ou nitidula	2		3,45
Zenobiella incarnata	3		5,17
Trichia hispida	1		1,72
Helicodonta obvoluta	2		3,45
Helicigona lapicida	12	1	20,69
Cepaea hortensis	1		1,72
Total	58	1	100,00

Tableau IV : Transition A4-A5

ESPECES	NBR.	FRGTS	%
Discus ruderatus	1		50
Aegopinella nitidula	1		50
Total	2	0	100,00

Tableau V : Couche A5 (Mésolithique, Boréal)

ESPECES	NBR.	FRGTS	%
Clausilia sp.	1		4,17
Discus ruderatus	8		33,33
Discus rotundatus	3		12,50
Aegopinella nitidula	1		4,17
Oxychilus cellarius	1		4,17
Zenobiella incarnata	1	2	4,17
Trichia hispida	1		4,17
Helicodonta lapicida	4		16,67
Cepaea nemoralis	1		4,17
Cepaea hortensis	3		12,50
Total	24	2	100,00

Tableau VI : Couche B4 (Magdalénien, Bölling)

ESPECES	NBR. IND.	FRGTS	%
Succinea oblonga ?	1		2,56
Pupilla sp.	6		15,38
Vallonia pulchella	24		61,54
Aegopinella sp.	1		2,56
Trichia hispida	6		15,38
Cepaea sp.	1	2	2,56
Total	39	2	100,00

Tableau VII : Classement des espèces par affinités écologiques

	Couche A2	Couche A3	Couche A4	Couche A5	Couche B4
1 - Espèces forestières					
Clausilia dubia		21			
Clausilia plicatula	3	5	1		
Clausilia rolphii		4			
Clausilia lineolata	3		1		
Cochlodina laminata	3	7	1		
Discus ruderatus		1	1	8	
Helicodonta obvoluta	6	21	2		
Helicigona lapicida	14	74	12	4	
Total	29	133	18	12	
2 - Espèces semi forestières					
Clausilia bidentata		9	4		
Discus rotundatus	29	225	23	3	
Aegopinella pura		2	2		
Total	29	236	29	3	
3 - Espèces forestières réclamant beaucoup d'humidité					
Orcula doliolum		1			
Oxychilus sp.	1				
Oxychilus alliarius ?		3			
Zenobiella incarnata	3	1	3	1	
Total	4	5	3	1	
4 - Espèces des terrains découverts					
Pupilla muscorum					6
Vallonia pulchella					24
Total					30
5 - Espèces xérophiles					
Abida secale	1				
Chondrina avenacea		7			
Total	1	7			
6 - Espèces mésophiles					
Limacidae		3			
Clausilia parvula	7	42	6		
Nesovitrea hammonis		1			
Oxychilus draparnaldi	1				
Oxychilus cellarius	2	3		1	
Trichia hispida			1	1	6
Cepaea sp.					1
Cepaea nemoralis	1	1		1	
Cepaea hortensis	2		1	3	
Total	13	50	8	6	7
7 - Espèces hydrophiles					
Succinea oblonga					1
Aegopinella nitidula		9		1	
Total		9		1	1
Total général	76	440	58	23	38

Classement des espèces par affinités écologiques

Espèces forestières

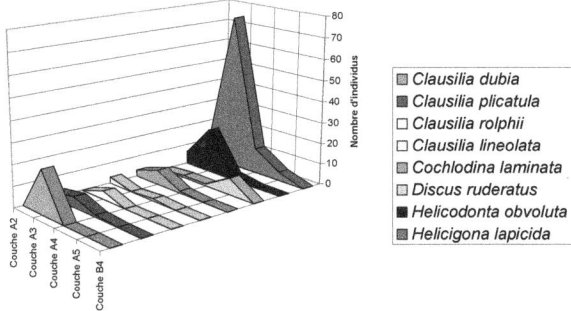

Espèces semi forestières

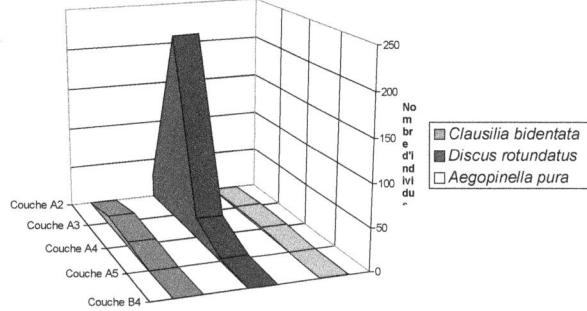

Espèces forestières réclamant beaucoup d'humidité

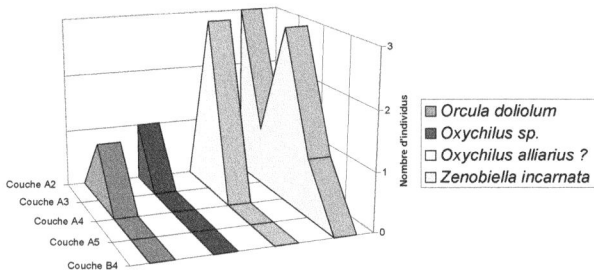

Espèces des terrains découverts

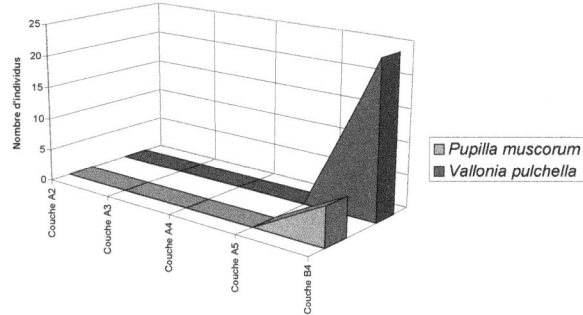

Espèces xérophiles

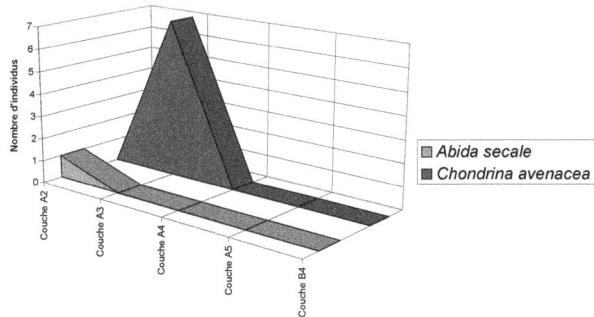

Espèces mésophiles

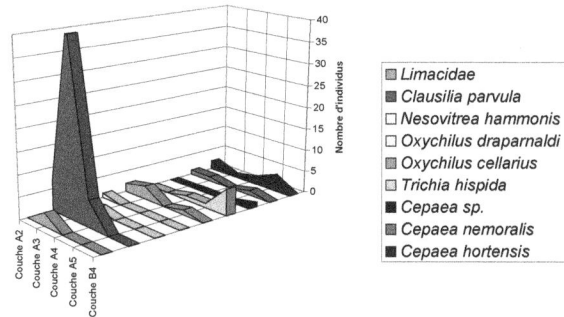

Espèces hydrophiles

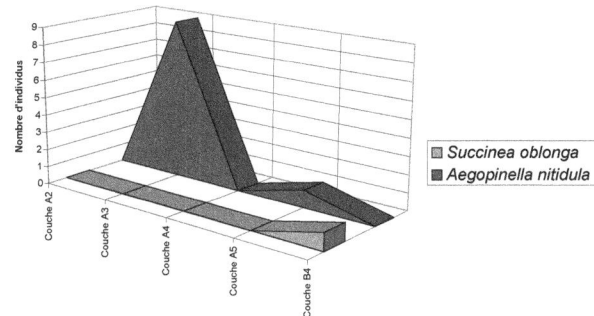

Tableau VIII : Pourcentage des affinités écologiques des mollusques récoltés dans les différentes couches

I. en nombre d'espèces	Couche A2	Couche A3	Couche A4	Couche A5	Couche B4
1. Espèces forestières	35,7	35	46,1	22,2	
2. Espèces semi forestières	7,1	15	23,1	11,1	
3. Espèces forestières réclamant beaucoup d'humidité	14,3	15	7,7	11,1	
4. Espèces des terrains découverts					40
5. Espèces xérophiles	7,1	5			
6. Espèces mésophiles	35,7	25	23,1	44,5	40
7. Espèces hydrophiles		5		11,1	20

II. En nombre d'individus	Couche A2	Couche A3	Couche A4	Couche A5	Couche B4
1. Espèces forestières	38,2	30,2	31	52,2	
2. Espèces semi forestières	38,2	53,6	50	13	
3. Espèces forestières réclamant beaucoup d'humidité	5,3	1,1	5,2	4,3	
4. Espèces des terrains découverts					79
5. Espèces xérophiles	1,3	1,6			
6. Espèces mésophiles	17,1	11,4	13,8	26,1	18,4
7. Espèces hydrophiles		2		4,3	2,6

Diagrammes des pourcentages des affinités écologiques des mollusques récoltés dans les différentes couches

en nombre d'espèces	en nombre d'individus

Couche A2, **Couche A3**, **Couche A4**, **Couche A5**, **Couche B4**

Légende:
1. Espèces forestières
2. Espèces semi forestières
3. Espèces forestières réclamant beaucoup d'humidité
4. Espèces des terrains découverts
5. Espèces xérophiles
6. Espèces mésophiles
7. Espèces hydrophiles

Histogrammes récapitulatifs
des pourcentages des affinités écologiques des mollusques
récoltés dans les différentes couches

en nombre d'espèces

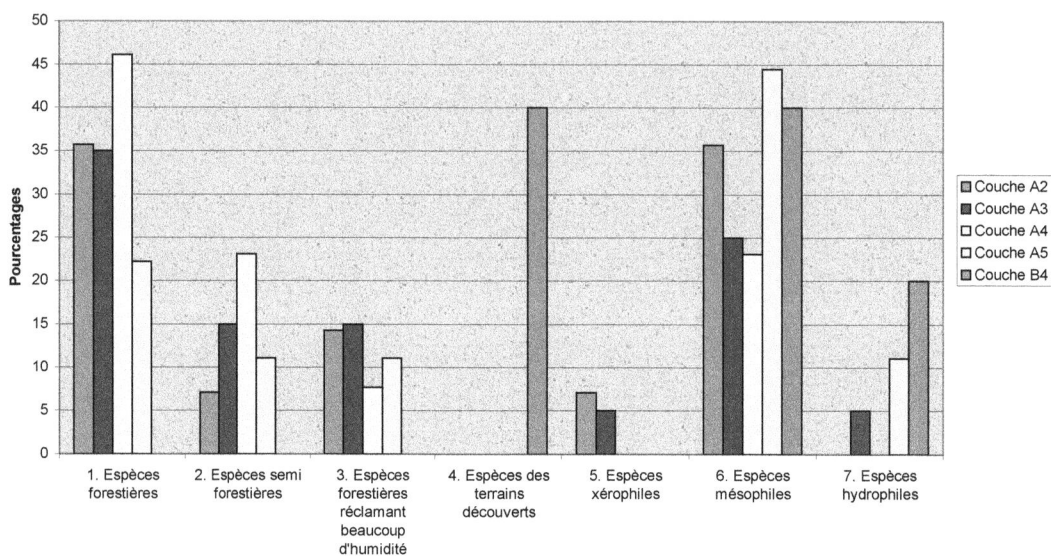

Pourcentages

Couche A2
Couche A3
Couche A4
Couche A5
Couche B4

1. Espèces forestières
2. Espèces semi forestières
3. Espèces forestières réclamant beaucoup d'humidité
4. Espèces des terrains découverts
5. Espèces xérophiles
6. Espèces mésophiles
7. Espèces hydrophiles

en nombre d'individus

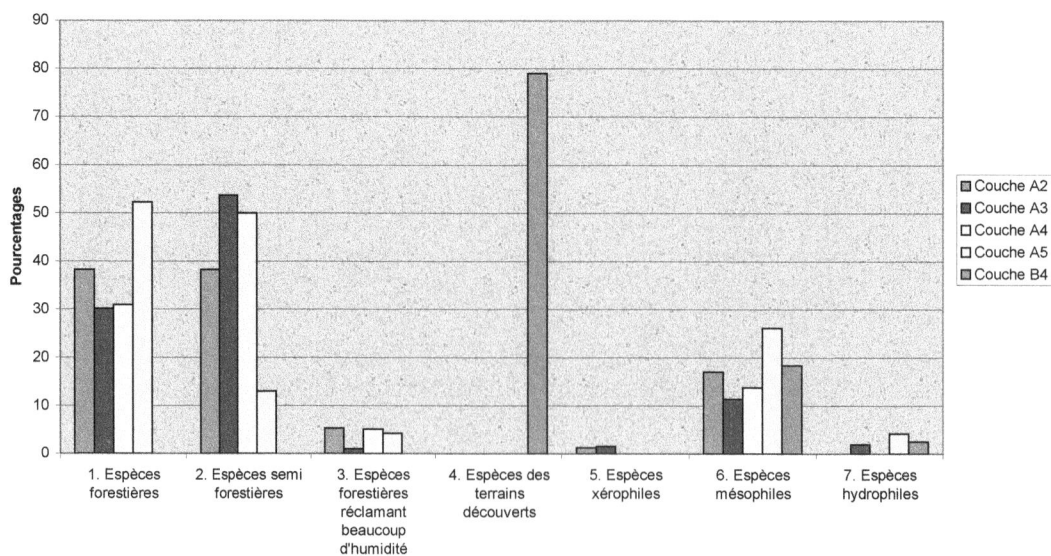

Pourcentages

Couche A2
Couche A3
Couche A4
Couche A5
Couche B4

1. Espèces forestières
2. Espèces semi forestières
3. Espèces forestières réclamant beaucoup d'humidité
4. Espèces des terrains découverts
5. Espèces xérophiles
6. Espèces mésophiles
7. Espèces hydrophiles

DISCUSSION

La couche B4

La couche B4 est la strate la plus profonde qui nous ait à ce jour livré des restes de mollusques. Deux datations [14]C (13.030 BP ± 140 et 13.120 BP ± 190) la situent dans le Bölling.

Elle contient une association d'espèces assez semblable à celles déjà rencontrées dans d'autres fouilles pour des périodes équivalentes, notamment au "Trou des Blaireaux" à Vaucelles (Cordy et Peuchot, 1983). Cette association comprend les espèces suivantes : *Vallonia pulchella*, *Trichia hispida*, *Pupilla muscorum* et *Succinea oblonga*. Elle dénote la présence d'un milieu ouvert, avec humidité et chaleur variées. Elle est comparable aux associations tardiglaciaires et interstadiaires à climat humide (Puisségur, 1987).

La couche A5

Il faut ensuite remonter jusqu'à la couche A5, d'âge Mésolithique-Boréal. Les associations malacologiques y montrent la présence nette de la forêt avec un total de 69,5% d'individus vivants volontiers dans des milieux forestiers. Parmi ceux-ci, 33,3% sont identifiés comme *Discus ruderatus*, espèce connue pour se complaire dans les forêts de conifères et dont la distribution actuelle est continentale. L'espèce est répartie dans toute l'Europe Boréale et Alpine (Kerney et Cameron, 1979). Présente dans les dépôts postglaciaires en Angleterre, elle est remplacée par *Discus rotundatus*, probablement lorsque le climat acquiert une plus grande océanité, au début de l'Atlantique.

Le nombre d'espèces de la couche A5 représentatives d'un milieu forestier est de 44,4%. Les 55,6% restants ne comprennent que des espèces mésophiles s'adaptant à des milieux divers (44,5%) et des espèces hydrophiles (11,1%).

La couche A4

Dans la couche A4, nous constatons une augmentation de 32,5% du nombre total des espèces forestières (76,9%) et une diminution de 21,4% des espèces mésophiles (23,1%) par rapport à la couche précédente.

Discus ruderatus est quasiment absent tandis que le nombre d'individus de *Discus rotundatus* y est en nette augmentation (27,16%) par rapport à la couche A5.

Nous enregistrons aussi l'absence complète d'espèces des terrains découverts, steppiques, xérophiles et même hydrophiles.

Les couches A3 et A2

Nous remarquons que le nombre des espèces et des individus présents dans la couche A3 est en nette augmentation. Un total de 65% d'espèces possède une affinité pour les biotopes forestiers.

On y trouve également une espèce xérophile, *Chondrina avenacea*. Elle est souvent en compagnie *d'Abida secale*, de même affinité, dans des biotopes semblables. Cette dernière est par ailleurs présente dans la couche suivante (A2). Ces deux espèces se rencontrent souvent sur les rochers formant des parois sèches recouvertes de mousses et de lichens.

Malgré une sécheresse, toute relative, l'existence d'une certaine humidité est attestée par la présence, dans la couche A3, de trois exemplaires *d'Aegopinella nitidula* qui affectionne les stations humides et boisées.

La présence de la forêt recouvrant le versant exposé au sud de la vallée et l'exposition de la grotte sont un environnement qui convient très bien aux espèces inventoriées dans les deux dernières couches (A3 et A2).

Humus actuel

Dans le but de se rendre compte de toute contamination des couches archéologiques par des mollusques actuels, des prélèvements d'humus ont été effectués dans les environs immédiats de la grotte.

ESPÈCES	AFFINITE ECOLOGIQUE
Discus rotundatus	Espèce semi-forestière
Oxychilus (draparnaldi ?)	Espèce mésophile
Clausilia rolphii	Espèce forestière
Zenobiella incarnata	Espèce forestière réclamant beaucoup d'humidité
Helicodonta obvoluta	Espèce forestière
Helicigona lapicida	Espèce forestière
Trichia hispida	Espèce mésophile
Cepaea hortensis	Espèce mésophile

Nous voyons que 5 espèces sur 8 ont des affinités forestières, ce qui correspond fort bien à l'environnement actuel de la grotte qui est boisé.

CONCLUSION

En fonction des identifications malacologiques, il est donc clair que la couche B4 (Magdalénien – Bölling) contient une association de mollusques correspondant à une période de réchauffement tardiglaciaire. Ces espèces sont typiques de zones herbeuses humides à paysages ouverts

Au fur et à mesure de notre progression dans les couches plus récentes, nous remarquons, grâce à la présence de huit exemplaires de *Discus ruderatus*, l'apparition de la forêt. Nous pensons qu'elle était probablement composée, dans un premier temps, d'une majorité de conifères se développant dans un milieu relativement humide. Nous voyons donc en A5 un paysage de type fermé dont l'age est estimé au Boréal.

En A4, couche plus récente, nous constatons que la forêt est très bien implantée. Mais, vu le peu de représentativité en nombre d'individus de *Discus ruderatus* à ce niveau, il nous semble possible que le paysage, toujours fermé, ait été constitué d'une majorité de feuillus, ce qui peut très bien être en concordance avec l'évaluation d'age Atlantique de cette couche.

Un dernier horizon (A3), daté du Néolithique, nous a fourni des mollusques dont les affinités sont évidentes pour un couvert forestier relativement humide, avec présence de zones rocheuses exposées au sud. Dans cette couche, comme dans la précédente, nous ne constatons la présence que d'un seul exemplaire de *Discus ruderatus* alors que l'espèce proche, *Discus rotundatus*, devient extrêmement abondante.

Suite à l'extrême rareté de *Discus ruderatus* en Belgique de nos jours et la relative abondance de l'espèce affine, nous pouvons estimer qu'un changement climatique et environnemental radical s'est opéré durant la mise en place des dépôts A5 et A4.

Enfin, c'est volontairement que nous n'avons pas tenu compte de la couche A2 qui, quoique relativement semblable à la couche A3, est considérée comme perturbée.

Bibliographie

ADAM, W., 1960. Mollusques. Faune de Belgique, t. I, Mollusques terrestres et dulcicoles, Institut Royal des Sciences Naturelles de Belgique, Bruxelles, 402 p.

CORDY, J.-.M. et PEUCHOT, R., 1983. Le trou des Blaireaux à Vaucelles. Apport de l'étude de la microfaune à la bio- et chronostratigraphie des dépôts, Notae Praehistoricae, 3, p. 94-97.

DEWEZ, M. et alii, 1993. Recherches à la grotte Walou à Trooz (Province de Liège, Belgique). Premier rapport de fouille, Société Wallonne de Palethnologie, Mémoire n° 7, 80p.

EVANS, J.G., 1970. Land Snails in Archaeology, Seminar Press, London & New York, 486p.

JUVIGNE, E., 1974. La stratigraphie du Quaternaire en Belgique. Etat des connaissances, Annales de la Société Géologique de Belgique, 97.

KERNEY, M.P. et CAMERON, A.D., 1979. Land Snails of Britain and North-West Europe, Collins, London, 288 p.

PUISSEGUR, J.J., 1987. Mollusques continentaux, *in* Géologie de la Préhistoire : méthodes, techniques, applications, sous la direction de Miskowsky, éd. Geopre., Association pour l'étude de l'environnement géologique de la Préhistoire. Maison de la Géologie, Paris, p. 705-716.

VAN GOETHEM, J.L., 1988. Nouvelle liste commentée des mollusques récents non-marins en Belgique, Institut Royal des Sciences Naturelles de Belgique, Document de travail n° 53, Bruxelles, 69 p.

TROIS CAS DE PALÉOPATHOLOGIE ANIMALE RENCONTRÉS À LA GROTTE WALOU
(Province de Liège, Belgique)

Mircea UDRESCU (*), Anne FRANCIS (**)

(*) Paléontologie des Vertébrés
Muséum royal des Sciences Naturelles
29, rue Vautier
B-1000 Bruxelles
Belgique

(**) Laboratoire de Préhistoire SAPIENS
Université Catholique de Louvain
Département d'Archéologie, Collège Erasme
B-1380 Louvain-la-Neuve
Belgique

Abstract : *The importance of animal pathology supplies information about the ancientness and frequency of illnesses. It shows the ancient occurrence of recovery and gives us the opportunity to establish relations between palaeological conditions and the frequency of illness. In the case of Walou Cave, the lesions noted in the animal bones (sheep, stag, martre/stone marten) can be attributed principally to human action or to intra and inter specifically aggression.*

La majorité des auteurs dans le domaine de la paléopathologie humaine ou animale reconnaissent que le sujet est difficile. Thillaud et Charon (1994, p.13) sont d'avis que « *le savoir médical actuel se prête mal à l'identification des lésions osseuses anciennes et que l'écart qui ne cesse de s'agrandir entre la médecine et l'ostéo-archéologie, exige de cette dernière l'élaboration de méthodes et le recours à des références qui lui soient propres* ». Harcourt (1971, p.271) parle lui aussi de « *...the scarcity of modern comparative material with known diagnoses...* » et des causes qui empêchent la constitution de collections de référence dans le domaine de la paléopathologie animale. Enfin, dans la préface de leur livre, Dastugue et Gervais (1992, p.10) soulignent que « *la paléopathologie est avant tout affaire d'expérience personnelle* » et que « *c'est en accumulant les examens et parfois les erreurs que le praticien évitera de mieux en mieux les nombreuses chausse-trapes de cette difficile spécialité* ». Nous sommes convaincus que nous n'avons pas échappé à quelques-uns des pièges que l'analyse des trois cas de paléopatholgie de la grotte Walou nous a tendus, mais, comme le disait Alexis Carrel, « *il faut nous dire qu'une tentative maladroite, en partie avortée, vaut mieux que l'absence de toute tentative* ».

L'importance des études de paléopathologie animale a été soulignée maintes fois par divers auteurs : elles fournissent des données sur l'ancienneté et la fréquence de certaines maladies ; elles mettent en évidence des cas anciens de guérison ; elles révèlent parfois l'existence d'une corélation entre domestication et apparition de certaines pathologies non signalées jusqu'alors chez les animaux sauvages ; enfin, elles permettent, lorsque les matériaux ostéologiques sont adéquats, d'établir des relations entre des conditions paléoécologiques particulières et la fréquence de certaines maladies.

Les pièces présentées ci-dessous proviennent des formations A et B de la grotte Walou. La formation A est holocène. La couche A2 dans laquelle le métatarse de mouton a été trouvé, correspond au Subboréal (Dewez 1986, p.7). Elle est recoupée par une unité stratigraphique artificielle A3 (fosse) et est attribuée au Néolithique (Dewez 1992, p. 311). La mandibule de cerf vient de l'interface A6-B1 : il est, en effet, souvent difficile de distinguer les limites entre les couches A6 et B1 (Dewez 1986, p.8). La couche A6 est essentiellement constituée de restes de microfaune provenant de réjections de rapaces. Elle remonte au Préboréal avec une date C^{14} de 9 450 BP ± 270 (Gilot 1993, p.23). La couche B1, quant à elle, a livré les vestiges d'une occupation creswello-tjongérienne attribuée au Dryas III avec une date C^{14} de 9 990 BP ± 180 (Gilot 1993, p.23). Enfin, c'est dans la couche B5 que se trouvait l'humérus de martre. Cette couche, localisée à l'intérieur de la grotte, révèle que cette dernière fut occupée tout d'abord par un groupe gravettien, puis par l'ours des cavernes (Dewez 1989, p.140). Les dates C^{14} sont, pour l'homme, de 22 800 BP ± 400 et, pour l'ours, de 21 230 BP ± 650 (Gilot 1993, p.23).

Métatarse de mouton (*Ovis ammon* f. aries) : Wa 86, A2

Le métatarse provient d'un individu adulte. Il présente une fracture totale, sous-médiodiaphysaire, en plan transversal, consolidée avec un cal peu déformant. La consolidation s'est faite sans réduction de la longueur de l'os, mais avec une angulation légère d'environ 10° par rapport à l'axe longitudinal de l'os et une petite rotation externe du fragment distal. Les limites du plan de fracture ne sont plus visibles. Dans la région de la fracture, les traces d'une faible réaction périostique se remarquent sur toute la circonférence du corps de l'os. Le fait que celles-ci soient un peu plus marquées sur la face latérale de ce dernier, nous laisse penser que le coup responsable de la fracture a été reçu à ce niveau.

Il est fort probable que la fracture se soit produite alors que l'animal était encore jeune. Sans parler d'une intervention humaine à but thérapeutique proprement dit, nous sommes d'avis que l'isolation temporaire de l'animal pour limiter ses déplacements a été suffisante pour assurer la guérison convenable de cette fracture (Udrescu et Van Neer, 2004).

Mandibule de cerf (*Cervus elaphus*) : Wa 86 1268, A6-B1

Le condyle mandibulaire présente sur sa surface plusieurs processus cavitaires intracondyliens. C'est dans sa partie médiale que ceux-ci sont les plus grands (2 à 5mm). La morphologie de la condyle en est légèrement modifiée : elle est un peu plus aplatie et plus large que la normale.

Baker et Brothwell (1980) considèrent les dépressions au niveau des surfaces articulaires, surtout des phalanges, comme non-pathologiques. Dans notre cas, puisqu'il s'agit de véritables processus cavitaires et que la morphologie du condyle est modifiée, nous estimons pouvoir parler d'une réelle pathologie (inflammation ?) à ce niveau.

Humérus de martre/fouine (*Martes* sp.) : Wa 87 4904, B5

La morphologie normale de l'épiphyse distale de l'os est presque complètement détruite. Nous avons relevé de nombreux ostéophytes périarticulaires et quelques orifices de drain. La présence sur presque toute la surface articulaire de zones lisses prouve que les cartilages articulaires étaient détruits et que les os formant l'articulation se sont abrasés mutuellement.

Cette pathologie (ostéoarthrite) a dû avoir pour conséquence l'ankylose presque complète de l'articulation huméro-radio-ulnaire.

Avant la domestication, les lésions constatées sur les restes d'animaux préhistoriques pourraient être attribuées principalement à une action humaine en vue de se procurer de la nourriture, à des accidents ou encore à l'agressivité intra et interspécifique. Par la domestication, l'homme établit des relations plus étroites avec quelques espèces animales qui deviennent ses principaux fournisseurs alimentaires et il est fort probable que les premiers essais de traitements empiriques de certaines maladies et blessures datent de cette époque.

Bibliographie

DASTUGUE, J. et GERVAIS, V., 1992. Paléopathologie du squelette humain, Collection "L'homme et ses origines", Paris, Société Nouvelle des Editions Boubée.

DEWEZ, M., 1986. Recherches dans les grottes de la Vallée de la Magne (Com. de Trooz et Soumagne), Archaeologia Belgica II, 1, p. 7-8.

DEWEZ, M., 1989. Données nouvelles sur le Gravettien de Belgique, BSPF, t. 86, fasc. 5, p. 138-140.

DEWEZ, M., 1992. La grotte Walou à Trooz (Province de Liège, Belgique) : présentation du site, *in* M. TOUSSAINT éd., Cinq millions d'années, l'aventure humaine, E.R.A.U.L. 56, Liège, p. 311-318.

GILOT, E., 1993. Liste des datations 14C effectuées sur du matériel de la grotte Walou à Trooz (Province de Liège, Belgique), *in* M. DEWEZ, S.N. COLLCUTT, J.-M. CORDY, E. GILOT, M.-CL. GROESSENS-VAN DYCK, J. HEIM, S. et E. KOZLOWSKI, D. DELACROIX et P. SIMONET, Recherches à la grotte Walou à Trooz (Province de Liège, Belgique). Premier rapport de fouille, SOWAP, mémoire n° 7, Liège, p. 23.

HARCOURT, R.A., 1971. The Palaeopathology of Animal Skeletel Remains, The Veterinary Record, September 4-th, p. 267-272.

THILLAUD, P.L. et CHARON, P., 1994. Lésions ostéo-archéologiques ; receuil et identification, Paris, Kronos B.Y. Editions.

UDRESCU, M. et VAN NEER, W., 2004. Looking for Human Therapeutic Intervention in the Healing of Fractures of Domestic Animals, *in* J. DAVIES, M. FABIS, I. MAINLAND, M. RICHARDS and R. THOMAS ed., Health and Diet in Past Animal Population : Current Research and Future Directions, in press.

UNE GRANDE POINTE DE SAGAIE
DES GROTTES DES FONDS-DE-FORÊT
(Province de Liège, Belgique)

M. DEWEZ (*) et D. VANDERCAPPEL (**)

(*) Université Catholique de Louvain
Département d'Archéologie, Collège Erasme
B-1380 Louvain-la-Neuve
Belgique

(**) Université Paul Valéry, Montpellier III
UFR III, Unité de Géographie
F-34119 Montpellier
France

Abstract : *M.X. DEBRAS and L. GILSON found a big assegai point in the Fonds-de-Forêt Caves, situated 500 m to the north of Walou Cave. This gravettian point is the biggest ever found in Belgium. It measures 352 mm and has a diameter of 5 mm. The median part of a similar assegai point was discovered in the Gravettian stratigraphy in the Walou Cave.*

INTRODUCTION

Les grottes des Fonds-de-Forêt, situées à 500 mètres en contrebas de la grotte Walou, ont été occupées du Paléolithique Moyen au Néolithique. Ces grottes, constituées de deux galeries, sont fouillées en 1830 par le Dr Philippe SCHMERLING. Il y trouve notamment une base de sagaie de type magdalénien qu'il publie en la reconnaissant comme un travail humain. C'est un des premiers instruments osseux reconnus et publié comme étant préhistorique, c'est-à-dire contemporain de la grande faune Pléistocène (Dewez 1979).

C'est en 1956 que M.X. DEBRAS et L. GILSON explorent à leur tour la galerie amont et y découvrent, le long de la paroi Est de la salle Schmerling, une bande de sédiments en place composée de terre charbonneuse, dont ils nous confièrent un échantillon. Ces sédiments contiennent plusieurs éclats et fragments de lames non aménagées, ainsi qu'une grande pointe de sagaie complète. Elle est cassée en trois morceaux jointifs. Le numéro d'inventaire donné par L. GILSON est le 384.

Vu sa qualité exceptionnelle et sa provenance proche de la grotte Walou, il nous paraît utile de la publier ici.

DESCRIPTION

La pointe mesure 352 mm et son diamètre médian est de 5 mm.

Le merrain du bois de Cervidé, rectiligne après aménagement, a repris sa forme incurvée originale. Le fût se compose d'une face corticale et d'une face médullaire. Le fût est totalement cortical sur ses 110 mm du côté de la base. La partie distale de la pointe est formée par un biseautage de la face médullaire. La partie proximale est aménagée par un double biseautage obtenu par un raclement longitudinal sur 28 mm (Fig. 1).

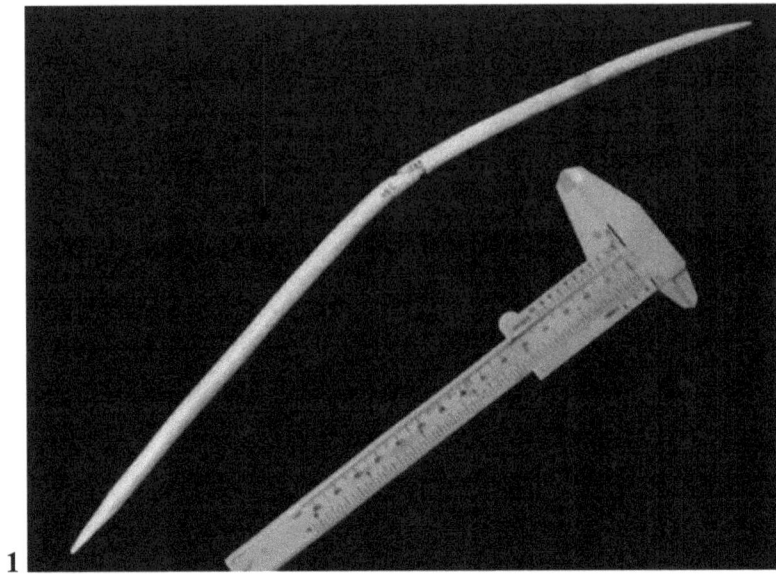

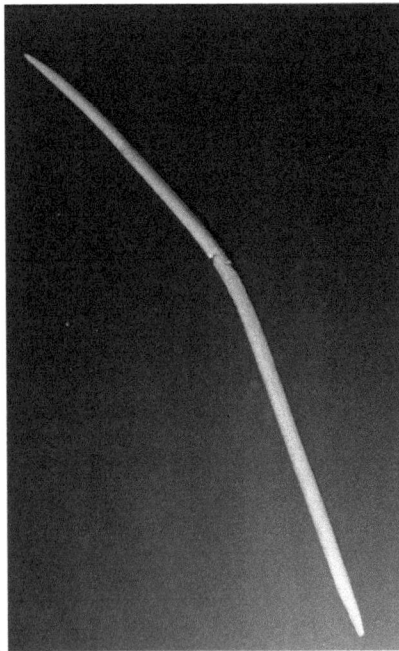
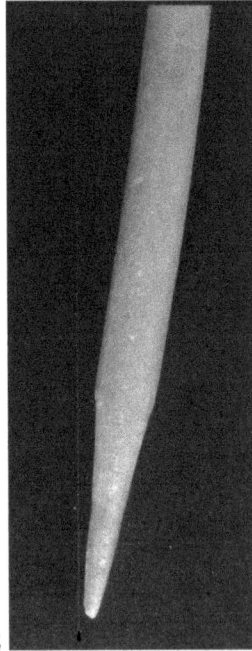
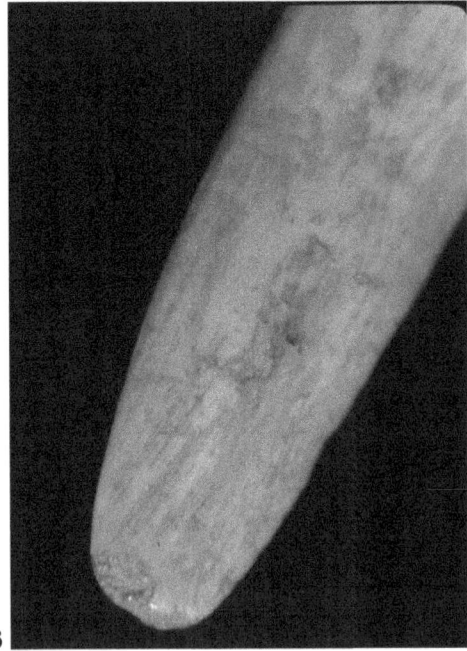

Fig. 1. Sagaie de Fonds de Foret. 1. Sagaie complete ; 2. Base-profil ; 3. Base-detail

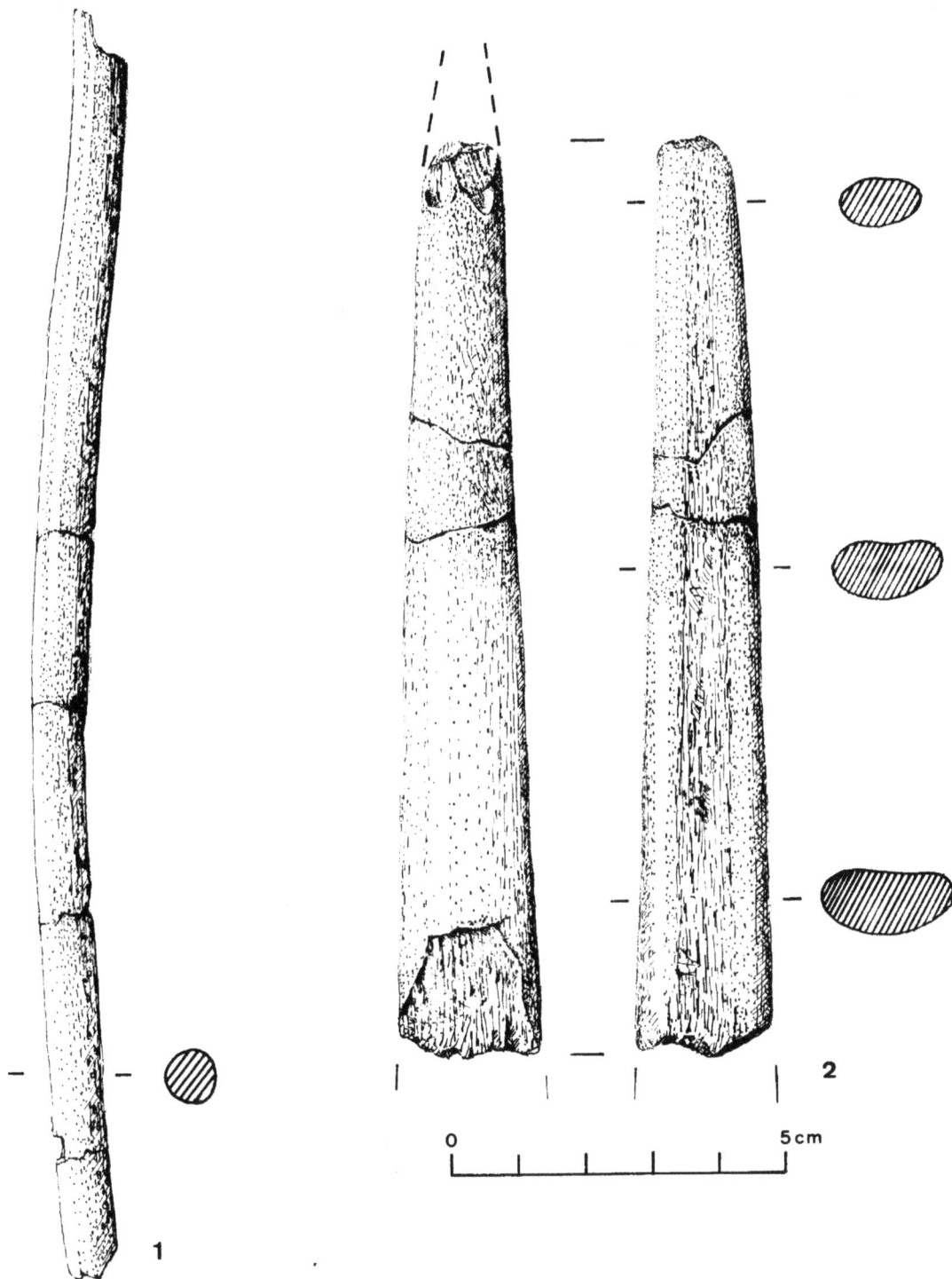

Fig 2. Grotte Walou (Trooz). Couche B5 – Gravettien. Instruments en Bois De Renne.

COMPARAISON

La partie médiane d'une pointe de même type d'un diamètre médian de 4 mm a été découverte dans le Gravettien de la grotte Walou (couche B5), mais celle-ci est taillée dans du bois de Renne (Dewez 1989) (Fig.2). Vu la proximité des deux sites, nous pensons pouvoir attribuer au Gravettien la grande pointe de sagaie de Fonds-de-Forêt. Cette pointe est la plus grande arme de ce type découverte en Belgique.

Notons cependant qu'une pointe de sagaie de grande dimension, malheureusement incomplète, a été découverte au Trou du Frontal par E. DUPONT en 1866. Cette pointe est toujours prise dans la brèche et mesure 128 mm de long (Dewez 1987).

CONCLUSION

Durant le Gravettien, les principaux changements dans l'outillage osseux transparaissent au sein de la catégorie des pointes de projectiles (qui gagnent aussi en finesse) pour laquelle de nouveaux type apparaissent, tels que les biseau simples et doubles (Goutas 2006).

Les pointes de sagaies des grottes de Fonds-de-Forêt et de Walou présentent des caractéristiques typiquement gravettiennes.

En 1960, D. de SONNEVILLE-BORDES soulignait déjà les profondes différences entre l'industrie osseuse aurignacienne et gravettienne : « *En général, le Périgordien évolué a un outillage osseux plus élégant, plus mince que celui de l'Aurignacien ; on n'y retrouve pas les formes massives et épaisses des phases I et II de cette industrie. (...). Les outils en os les plus caractéristiques sont les sagaies très étroites à biseau simple très allongé et très étroit. Des sagaies ou des baguettes à double biseau parfois strié, des sagaies à cannelures, apparaissent à ces niveaux...* » (de Sonneville-Bordes, 1960 *in* Goutas 2006).

Il serait intéressant d'approfondir les observations des pointes de sagaies des grottes de Fonds-de-Forêt et de Walou pour pouvoir déterminer la présence ou non de caractéristiques typiquement gravettiennes, c'est-à-dire un débitage à double rainurage longitudinal.

D'après N. GOUTAS, l'industrie osseuse gravettienne procède d'un débitage de double rainurage longitudinal. Il existe deux principales étapes pour obtenir le double rainurage : le rainurage et l'extraction de la baguette.

Bien que le double rainurage soit déjà signalé durant le Châtelperronien à Arcy-sur-Cure (niveaux 10 et 11, site fouillé par A. LEROI-GOURHAN fin des années quarante), il n'émerge réellement qu'à partir du Gravettien et se développe tout le long du Paléolithique supérieur. Ces deux modes opératoires atteignent leur plein épanouissement au Magdalénien où la volonté d'obtenir des supports de plus en plus longs, de plus en plus droits et standardisés, se fait très présente tant dans l'industrie lithique que dans l'industrie osseuse (Goutas 2006).

C'est sans doute l'émergence du procédé d'extraction de baguette par le double rainurage qui a favorisé la diversification des pointes de projectile induisant de nouveaux systèmes d'emmanchement (les bases incisées, les bases biseautées, le méplat mésial). Ce nouveau procédé a ainsi permis à l'homme de se « libérer » des contraintes morphométriques et mécanique inhérentes aux matières osseuses, et favorisé l'épanouissement de leur créativité technique (Goutas 2006).

Bibliographie

DEWEZ M., 1979 : Instruments paléolithiques osseux récoltés par Schmerling en 1829–1833, *Bulletin de la Société Royale Belge d'Anthropologie et Préhistoire*, 90, p. 115-124.

DEWEZ M., 1987 : Le Paléolithique supérieur récent dans les grottes de Belgique. *Publication d'Histoire de l'Art et d'Archéologie de l'Université Catholique de Louvain*, LVII.

DEWEZ M., 1989 : Données nouvelles sur le Gravettien de Belgique. *Bulletin Société Préhistorique Française*, 86, 5, p. 137-142.

GOUTAS N., 2006 : *Caractérisation et évolution du Gravettien en France par l'approche techno-économique des industries en matières dures animales (étude de six gisements du Sud-ouest)*, Atelier national de Reproduction des Thèses, Lille.

www.ingramcontent.com/pod-product-compliance
Lightning Source LLC
Chambersburg PA
CBHW061302270326
41932CB00029B/3440